在生命开始的地方,看见孩子内在的丰盈,也看见我们自己的匮乏。
只有实现生命本质的真正连结,才能真正懂孩子,也才能真正爱孩子。
为了孩子,让我们走上一条探索自我生命的成长之路。

透析童年

—— 探寻成人和孩子生命的内在连结

王树 ◎ 著

全新修订
第2版

中央编译出版社

谨以此书献给我挚爱的母亲!

各方好评

✽ 都说"养儿方知父母恩",但我们往往是成了别人的父母后,才发现心底有一处极疼的所在,那是童年经历在我们的心灵里留下的某种我们并不自知的印记。所以,某种意义上讲,孩子是上天派来帮助我们感知自己并与过去和解的使者,帮助我们完成一次重返童年的疗愈,完成自己的第二次成长。如果你也在经历这份成长,那么推荐你看王树老师的《透析童年》。它带给了我很大的帮助,引领我一次次面对模糊的记忆,一次次拥抱当年的自己,一次次获得今天的力量。希望,它也能温暖到你。

——《父母世界》执行主编 朱正欧

✽ 我读过王树老师的书,参加过王树老师的工作坊,甚至有幸同她私下聊过天,不管是接触到王树老师的思想灵魂,还是接触到王树老师本人,都让我感觉美好、滋润至极。她以及她的精神世界真的就像是一颗丰盈的树,充满生命的绿色,时刻提醒我不忘生命本身的美好。

我在亲密自然育儿的路上走了一些弯路,后来因为接触了王树老师以及一些其他父母觉醒类的书籍,经过很深刻的反省,才慢慢回归正途。不过即使是现在,也不敢说自己的心灵完全洗涤通透,还需要时时去"抚摸"一下王树老师这棵丰盈美好、充满生机的心灵树，以滋养自己，坚定信念。

——盐妈网胡其萍

✿ 这本书于我而言，是一个很好的礼物。作者认为，儿童的成长不只是认知的发展，而是身体智慧、心理认知智慧和精神智慧的合一发展……这是一个新角度！这样的角度，或许还不能被这个时代的大多数人所理解，但，我需要！因为我相信，个人的幸福感、个人的自我感、个人在精神上愉悦的需求，才是更高层次的人的状态。我向往这样的状态，我希望也坚信我的儿子应该生活在这样的状态中。藉由此书，我透析我自己的童年，尝试梳理自己的成长过程，尝试弄明白，我之所以成为今日的我，其中的偶然与必然；分辨什么是我的本然、什么是父母的影子、什么是境遇的创伤、什么是环境的枷锁……并尝试理清父母作为孩子最重要的成长环境，如何影响孩子的生命成长；尝试创造一个环境，让我的孩子获得爱和支持，并无障碍地成长为他自己！感谢王树！感谢这本书！

——壮爸

✿ 与其说这是一本关于儿童教育的书籍，倒不如说这是一本身心灵成长的手册。"父母对孩子天然的爱"是上天给予我们开启自我成长之门的钥匙，正是因为孩子，我们踏上了这段"英雄之旅"。《透析童年》通过孩子的眼睛让我们开始审视自己的内在，它指引我们直面的其实是自己的童年。

当我开始学着像书中描述的那样，用自己的眼睛和角度（而非父母或别人的）来发现和探索这个世界，开始关注自己的身体，开始更多地与自己对话时，当我平静地看着心里流淌的各种情绪，学着接纳内心深处那个脆弱的小女孩，看着她长大并走向成熟时，我心里充满了感恩。感谢王树老师，是她唤醒了我生命的内在，而这束充满智慧的灵性之光将不仅照亮我，并将照亮我的孩子。

——城城妈

✱ 看着王树老师的书稿，一阵阵悲喜交加，泪流满面，想到了我自己这几年心灵成长的历程，从如何真正爱孩子，到爱自己，接纳自己，到有勇气面对自己、穿越自己，一路走来，真是满心的辛酸、又是满心的欢喜。
从王树老师的课程中，我领悟到了：爱自己，只有自己爱自己，才有足够的能量爱孩子、爱家人、爱社会，生命才能够像花儿一样绽放。从女儿身上，我欣喜地看到了一个完全不同于我的生命，一个智慧、高贵、圣洁、优雅、自我的生命，一个具有创造力、想象力、有爱心、自尊、自爱的生命！

——祎祎妈妈

✱ 很荣幸成为王树老师《透析童年》第一批读者，一口气看完，内心充满了平静、喜悦和一种"正中下怀"的舒畅。我深深地懂得了："只要给予正确的足够的爱和自由，孩子自己会成长得很好，而大人的成长，往往要经历艰苦、漫长的历程……"我知道，我已经走在成长的路上了，感谢王树老师以及和王树老师一样引我上路的人。

——TT 妈妈

✱ 在王树老师的课堂上，我开始了我的第二次成长。当我重新拥有一颗柔软的心，我发现生活中到处都是美好的事物。我能够进入孩子的世界了，他快乐时，我的心也灿烂；他伤心时，我能感受到他那颗敏感脆弱的心是多么难过。改变自己的过程是漫长的，会时有反复或停滞不前，甚至还会回到最初混乱的状态。但是我知道我的心底，有一朵花正在慢慢绽放。我相信我能够成为孩子最好的支持。

——卢瑾

✽ 要想帮助孩子成长首先要了解孩子的成长规律,要想了解孩子必须先了解我们自己。在现在的生活中,我尝试着用探索冰山的方法去了解自己的内在,当自己难过、愤怒、失落的时候,会试着去接受自己的感受,思考感受之下的感受,渐渐地懂得放下心中的期待,内心就会慢慢恢复平静。虽然还没有办法完全与自我进行连结,但是心中一直有那么一股力量在支撑自己走下去,相信只要努力,只要坚持,一定会有所收获,一定会获得成长。非常感谢王树老师为我们所做的一切,也希望她能给我们带来更多更好的理念!

——巫少峰

✽ 王树和儿童的连结让我感动不已。那份欣赏、那份尊重、那份一致,如同让我换了一个天和地。我惊讶地发现她眼中的孩子和我眼中的不一样,我发现孩子在她面前美好、愉悦、积极和顺从,可到我这里怎么就不一样了。她说:"为什么你们看不见?!"那就是在说:"为什么你们不能和儿童连结?"她努力地把她的感受与大家分享,让父母首先改变自己,自我成长,最终实现与孩子的连结。

——六六妈妈

✽ 那天王树老师的课堂讨论时,乱哄哄的教室忽然没有任何征兆地就静了下来,只见她非常缓慢、非常轻柔、非常优雅地在做一个动作,像羽毛般轻盈。我确实惊呆了,我感受到她身体散发出来的能量,荡漾在整个房间的每一个心灵中!那是宁静的力量——只有内在先安静下来,外在才能平静。透过她的这个行为带来的感受,我终于明白了,儿童更喜欢宁静,儿童需要缓慢、清晰的演示。

——顾敏

目录 Contents

第1版序言　打碎自己的童年　孙瑞雪　/1

第1版自序　走向生命的成熟状态　/3

第2版自序　这五年　/5

引　言　连结生命，你准备好了吗　/1

连结，完全是一种心灵的感知和生命的相遇。孩子天生就具有这种能力，而大人却在成长过程中"丢失"了这个能力，因此，孩子的需要和大人的给与完全处在两个无法连结的不同频道。为了孩子，大人们需要走上一条探索自我生命的成长旅程，回到每个新生命的出发地……

第一章　满足孩子的渴望，给孩子建立归属感　/11

第一节　也许是我们的父母，也许是我们自己，也许是我们的孩子！　/14

一个有着美丽翅翼带着爱的使命的天使来到人间。然而，在这个世界上，她的翅翼却一点点消失。她失去了与爱的连结，没有了归属感，她一直在做一个灰黑色调的梦，她仿佛失去了自己。她还能找回自己吗？

第二节　探索生命，发现自己　/25

家族负向能量延续在你身上的时候，你看似长大成人，内心却充满孩子般的无助。我们需要的是接纳：接纳父母，接纳家族系统，接纳自己的历史，并尝试与我们的生命力连结。

第三节　对孩子说："我们的生命连结在一起！"　/31

没有父母不愿与自己孩子的生命连结。但由于失去了那份生命的归属感，我们不知道如何连结。我们需要透过发现自己发现孩子，感受生命的神圣与高贵，因为我们只有真实地看见自己，才能真实地看见孩子。

第二章　了解孩子的内在需求，给孩子一个安全的家　/43

第一节　也许是我们的父母，也许是我们自己，也许是我们的孩子！　/45

一个有着美丽翅翼带着爱的使命的天使来到人间。他有一个情绪化的母亲,他所处的大家庭让他觉得变化莫测。他渴望保护,渴望安全,却总是被伤害,因而即使长大成人,他的内心也常常被恐惧所充满。

第二节　连结滋养心灵的能量　/50

面对生命的缺失和匮乏,我们需要内在的能量来完成重新成长的过程。音乐的曼妙,肢体的灵动,冥想的净化,自然的宽厚,都能使我们获得滋养生命的泉源。

第三节　对孩子说:"世界是安全的!"　/55

连结,没有安全感的家庭,在孩子生命中种下的是安全感缺失的种子。之所以如此,是因为大人的安全感缺失在先,因而我们需要重建——就像清理一件华贵的礼服,探索心灵成长的过程并不轻松,但只要你相信生命中绝对拥有这样的潜能,你就能够完成身心的自愈。

第三章　放下你的期待,学会认同你的孩子!　/63

第一节　也许是我们的父母,也许是我们自己,也许是我们的孩子!　/65

一个有着美丽翅翼带着爱的使命的天使来到人间。只因他的身体特征不同于其他孩子,他的生命中便经历了太多的评判与苛责,来自别人,也来自亲人。传统的教育方式使我们每个人都在被评判和被比较中长大,也使我们失去了自己独特的天赋和那个独一无二的自己。人们不知道的是,存在本身就是价值。

第二节　做自己的生命专家　/71

成长过程中，因为过去生命内在的创伤、情绪和心理模式，我们虽然年龄增长，心理却留在"小孩"状态。我们今天需要走出这个"心理小孩"，转化内心的伤痛，发现造成伤痛背后巨大的善意。因之我们能够对自己说，我是我自己，我的生命不必被外在的期待所掌握。

第三节　对孩子说："你真的很好！"　/78

我们对孩子的不认同不接纳，归根结底是我们对自己的不认同不接纳，我们以一种单一的标准评判孩子整个的生命。因此，当面对孩子时，需要做出改变的首先是大人——大人需要成长，而真正的成长必然带来发现，带来接纳，带来爱，也带来发自内心的赞美。

第四章　连结孩子的生命力，体验生命之爱！　/97

第一节　也许是我们的父母，也许是我们自己，也许是我们的孩子！　/99

一个有着美丽翅翼带着爱的使命的天使来到人间。由于社会和环境的影响，她压抑了那份天国爱的信念，以致变得麻木。是她的孩子的爱再次唤醒了已经成人的她，经过一段无序之爱的痛苦，她终于走向觉醒的生命之爱。

第二节　做自己的观察者　/109

　　对于成人来说，遗忘自己的心灵是一件很容易的事。但对生命本身来说，心灵却不可或缺。我们需要通过对孩子丰富生命活力的观察来了解他们的需要。不但如此，"自我观察"也让我们知道：我们真真实实地活着，不仅是身体，也包括心灵。

第三节　对孩子说："我们爱你！"　/112

　　我们真的会爱孩子吗？多少次我们以爱的名义伤害孩子**却不自知**——爱是关心孩子外在和内在的成长，爱是允许孩子表达内在真实的感受，爱更是让孩子在开放和快乐中长大，爱是倾听孩子真正的生命——我们需要让爱觉醒。

第五章　尊重生命，让孩子成为自己！　/129

第一节　也许是我们的父母，也许是我们自己，也许是我们的孩子！　/131

　　一个有着美丽翅翼带着爱的使命的天使来到人间。在生命内在指引和大人只关注认知的冲突中，那颗他从宇宙中带来的精神种子终于停止生长，渐渐枯萎。在成人的世界中，他是个成功者，然而他却常常空虚无助。后来，在一条生命内在成长的道路上，内在的生命终于觉醒，他如同获得了新生。

第二节　你是生命的舞者　/143

　　自我成长的历程并非坦途。你要明白，是你创造了生活，而非生活创造了你。善待自己,不是在身体身体上做什么,而是在心念上做什么,对待孩子也一样。你的内在有一幅心灵的地图,这幅地图有多大,你的内在就有多大。

第三节 孩子,你是完整的自己 /150

如果正常,孩子的成长将经历自我意识的萌芽、形成、使用、确定等过程,最终建立起有力量的自我。为了我们的孩子,大人需要直面自己多年来积累的问题和创伤,并接纳、拥抱它们。如此,我们就将找回真正的自己。

第六章 两棵树的生命 /163

第一节 孩子的世界 /165

人拥有两个自我,一个是身体的自我,一个是精神的自我。对孩子来说,甚至内在精神的自我更需要养分,而这却是大人们忽视的地方。只有爱和安全感才能够保护孩子,使他们依据自己的生命密码建构内在的精神生命。

第二节 成人的世界 /171

不可否认的现实是,有太多大人今天仍难以理解精神自我存在的问题,他们的心灵中缺乏温暖、喜悦、安全、满足。今天,当我们开始正视孩子成长的时候,我们才发现:给予孩子精神之爱和心灵需求,对于我们来说,是心有余而力不足。我们想爱我们的孩子,但却不知如何去爱。

尾　声　在经验中探索生命 /177

　　不管孩子和大人今天处在怎样的生命境况中，我们却深信爱、欣赏、接纳、自由、认同将带来生命的重生。无论路途多么遥远，我都会义无反顾。无论多少山峦阻碍，我都将为了寻回自己而去征服。

附　录　身、心、灵合一的成长体系 /183

　　生命并非是一个纯物质体。每一个人类的生命，都带着一颗灵性的种子而来，而且伴随身体慢慢长大。因而，无论作为教育者，还是作为父母，都应该懂得：关注孩子的成长，除了身体与认知发展以外，更需关注孩子心理与精神的发展，最终达成身、心、灵的合一成长！

后记一　生命的连结 /215
后记二　怀念母亲 /220

第1版序言

打碎自己的童年

孙瑞雪

肯·威尔伯（Ken Wilber）在谈到"转化"这种人自我进化的过程时说："转化，需要探索自我，深入观察自我，掐紧自我的脖子，直到窒息而死。转化不是一种信仰，而是要使信仰者死亡；不是诠释这个世界，而是转化这个世界；不是找到慰藉，而是在死亡的彼岸找到永恒。"对许多人来说，这只是某个人的理论和认识，但对王树来说，这里所描述的一切，就发生在她的身上。她经历了一个转化的过程。这个过程并非突然间的大彻大悟，但却常常是把自己打碎，再重新组装，然后再打碎，再组装。这个过程，需要巨大的勇气来面对自己，需要巨大的勇气承受痛苦，并在痛苦中升华，这正是她自我创造的里程。与此同时，她也在做着转化这个世界的工作。这两个过程，同时并进，而这本书，正是王树这两部分工作的结果。

这本书的写作，是王树探索自己内在世界的结果，也是王树转化世界的工作经验。一方面，是有关儿童成长的，它必须发现儿童自我形成的自然法则，也要清楚儿童无法形成自我的原因；另一方面，是有关成人成长的，它必须了解成人的障碍更多地出现在哪里，以及成人这种障碍对于儿童成长的影响。基于对这两部分的领悟，王树所提出的问题，正是每位父母育儿以及个人成长过程中，都会碰到的基础性问题。所以，这本书对父母养育孩子和他们自我的成长，都将会有所帮助。

这本书的写作角度，和其他书有所不同，它是用感觉触摸人内心深处的东西，触摸一些本质性的问题。它试图用一种氛围将人包裹住，让人回到自己的童年，让所有的时间和感觉都回去，然后重新组装自己的童年。这是一个治疗的过程，对有些人是陌生的，但如果你尝试着走进去，那将是一个全新的感觉。

成长，不仅仅是儿童需要，相信越来越多的成人会觉得自己需要成长。当越来越多的成人有了内在的成长愿望的时候，他可能需要一种支持，这本书或许正可满足这个需要。他在打碎自己的时候，在经历痛苦的时候，知道和发现曾经有人也经历过这一切，这对他将是一个极大的安慰！

2009 年 3 月 19 日

（孙瑞雪，"爱和自由"教育精神提出者，著名儿童教育专家）

第1版自序

走向生命的成熟状态

  我们都曾是孩子，拥有美好而丰富的内心世界。只是，在成长的过程中，面对环境中的爱的缺乏、粗暴、压制和伤害，我们封闭了自己的心灵，使自己变成了一个感受缺失、单求生存的机器。而指导和捍卫这种机器般生活的就是我们的头脑，这个完全由外部世界建构起来的部分，不仅掌控而且取代了我们生命中其他宝贵的资源——我们丰富的感受、美好的心灵、灵动的肢体以及鲜活的内在生命力。能留下的就是头脑支配下的一个躯体，而这个躯体又被众多外部世界所附加的规条所束缚。就这样，我们已经不再是一个完整的人！可是，我们那些最宝贵的资源并没有消失，它们依然被包裹在我们生命的最深处，直到今天，它们依然还处于孩童状态！

  现在，我们有了孩子。当我们面对自己的孩子时，虽然表面冷静，但内心却惶恐得一塌糊涂。因为我们发现，自己早已遗忘了所有孩童时候的内在需求。同时，我们对自己的生命状态也几乎一无所知。因此，我们无从了解孩子的内心世界。我们能做的，或者说我们正在做的，就是用我们头脑中自以为正确的方式，来对待和要求孩子的成长。但是，我们并不知道，这让我们与我们的孩子永远生活在两个频道中，让我们难以通过心灵之爱与孩子产生内在生命的连结。

今天，为了让我们的孩子可以成长为一个完整的人，未来能够以完整的人格状态幸福生活，我们所要做的，就是重新了解自己，寻找我们生命中那些曾经弃之不用的宝贵资源，让我们的生命重新开始成长，并以此来了解、伴随和支持孩子的成长。与此同时，也让自己逐渐走向真正成熟的生命状态。

王　树

2009 年 3 月 17 日

第 2 版自序

这 五 年

偶然,就走到了青海湖边!

放弃了广州舒适的物质生活,放弃了多年的生活习惯,只为在纷乱喧嚣的城市与平实宁静的乡村之间,寻找一份物质与精神的平衡与和谐,让内心得到真正的安宁喜悦。

于是,面对青海湖,盖了一个不大不小的院子——我把它称之为"心灵树·生活艺术家"。

野花开在无垠的草甸上,太阳照在院子的小道上,我坐在小道的椅子上,放牧内心的小孩。

走在成长的路上,方向却不断折返。本是一颗带刺的榴莲,却尝试拔掉自己身上的每一颗刺,只为不扎到别人。总想改变自己,让自己成为一个符合大家期待的人,却总像要榴莲变成菠萝,一直摇摆在自己的本真与别人的期望中。

曾经在极度的困扰中,向生命的内在探索。才发现生命中除了伤痛,还有太多的妙不可言。榴莲也罢,菠萝也罢;闻着臭也罢,吃着香也罢,我就是我,独一无二的自我才是生命的真谛所在。这也正是教育的真谛所在。

这五年，发生了很多事。一部iPhone，差点一统天下，幸好还有三星；一个不到140字的微博，可以主导舆论，却迅速败给了微信……还有就是，幼儿园、学校各种暴力事件频现，各种心理问题频发……

说这些，是因为我看到了两点：一是，我们永远不能把握未来的世界，唯有让孩子保持学习探索世界的能力；二是，无论父母还是教育者，我们自身的生命状态决定我们所营造的儿童成长的环境。

作为教育者，我对文学知之不多，我对数学知之不多，我对物理知之不多……我甚至无以教我的孩子。我能够努力做的，只有不断修为自己，以一个更好的生命状态，来创造一个更高状态的成长氛围，让孩子们有机会展现出更高的生命状态；并且不为我的愚昧与浅薄的标准答案所困缚，保持自由而主动探索世界的冲动和能力，从而形成主动的学习能力，这是让他们足以应对具有无限可能的未来的根本。

作为教育者，作为父母，都该如此，须知我们的所识，实在只是沧海之一粟，我们所认为的对，未必为对，而我们所认为的错，也未必为错。

生活即教育，教育不是说教，而是言传身教。耳闻目睹各种对孩子的暴力——不只是肉体的，更多的是心理与精神的——更知教育之艰难。当下教育者本身之成长环境，让教育者的生命本身也处在需要成长的光景与状态中。如何可以超越自我的生命状态，为孩子提供更懂爱、更自由、更安全、更文明的成长环境？

深刻领悟教育者的内核，在于修为自我。深刻领悟做一个好父母，亦在于修为自我。

我，我们，唯有在修为自身中，陪伴孩子前行！

自2010年起，每年的暑假，与三五好友，一起在青海湖边，做家庭亲子夏令营。召集来自五湖四海的家长，来到这个陌生而新奇的高原上，寻找到陌生而新奇的开放和柔软，做着陌生而新奇的探索，进行陌生而新奇的亲子沟通。每一期的家长，来到营地，总能奇怪地看着上一期的家长和孩子，泪眼婆娑着告别，然后7天之后，在下一期家长和孩子奇怪的目光中，自己也泪眼婆娑着告别。

"没有什么可以轻易打动人，除了内心的爱。没有什么可以轻易打动人，除了前进的脚步。"

我所做的，我所能做的，不管是写下这本书，还是我的讲座与工作坊，还是每年暑假的夏令营，只为一个目的：坚守在成长的路上，传播爱，传播尊重生命、创造生活的教育理念，并创造一种身心灵合一的艺术生活，让生命充满希望！

王 树

2014年4月2日

引言

连结生命,你准备好了吗

  连结,完全是一种心灵的感知和生命的相遇。孩子天生就具有这种能力,而大人却在成长过程中"丢失"了这个能力,因此,孩子的需要和大人的给与完全处在两个无法连结的不同频道。为了孩子,大人们需要走上一条探索自我生命的成长旅程,回到每个新生命的出发地……

一、生命有了一次连结

2003年的一天，我坐在幼儿园小院子的长条椅上。那已经是下班时间，但还有小部分孩子没有接走。忙碌了一天的身体与大脑，在那一刻只想静静地坐在那里发呆。

开新园的生活总是忙碌而具有挑战，但在那个想证明自己价值的年龄，这无疑是一个合适的机会。但是，每一天从早到晚工作，每一个周末还要举办家长咨询与讲座，连续的征战让心中原本充满的激情伴随着身体的疲惫渐渐黯淡下来。

三岁多的吉吉从楼道里静静地向我走来，我猜他是寻找我。这个小男孩从不说话，这给了家长与医生们众多的猜测。在一阵阵的恐慌与担忧中，"自闭症"这三个字眼很自然也被很隐秘地安在了吉吉的头上。

从入园的第一天起，他就只跟着我待在办公室里。那时候，我还是一位充满激情的园长。记得接待吉吉的那天，我与吉吉妈穿着花色相仿的碎花上衣，不知是因为这个巧合，还是我对他的友善，让我从那天起成了这个孩子的直接照顾者。

看着他走向我，头脑里的小我立刻产生了一个自动的自我保护机制，有声音在说："你又要来麻烦我，我已经很累了。"当然，由于有多年的职业训练，我的头脑对此很快进行了转化。当他站在我面前的时候，我带着转化的结果并稍稍加入了一些心的能量，我主动跟孩子说："吉吉，老师今天很累了，你自己去玩会儿吧！"如果今天能够回望那天的表现，我那一刻的表情一定有些不耐烦。

吉吉看着我，并没有因为我的话（他虽然不说但却能听明白）走开，也没有因此而恐惧，而是依旧静静地站在我的面前，静静地注视着我的眼睛，他的眼中闪着晶莹剔透的光芒。就在我一片迷茫的时候，他突然伸出小手，柔软而宁静地捧住了我的双颊。这出乎意料的举动，使我愣了一下。紧接着，就在我还依旧不知所措的时候，他再次缓慢而轻柔将头靠在我的肩上。

那一瞬间，我不知道发生了什么，大脑一片空白，只觉得一股气息涌上，带着太多天的疲惫和一些不知什么时候隐藏下来的委屈从我的腹部升到胃部，然后升到喉咙，最后顺着我的双眼流了出来。是的，我哭了，被一个孩子的抚慰触动了。

吉吉就那样静静地趴在我的肩头。过了一会儿，他再次宁静地抬起头来，他的眼看着我湿润的眼睛，久久没有移开。我的内在跳出了一个词汇——连结。是的，就是一种连结的感觉，是一种超越了外在，一种很深又很柔软的心灵的碰触，就如同心被亲吻了一下。更准确地说，我的身心得到了吉吉爱的滋养。

那天之后，我的脑海里总是闪过"连结"这个词汇，而且是不断闪过。我知道，这不是来自头脑的概念，而是由身心引发的一次深刻而清晰的体验。之后，我开始回忆，这种连结的感觉从父母与男友那里是否也曾得到过？尤其是在情绪低落缺少力量的时候。答案是从未有过！

自此，我开始在工作中，留意并觉知这种连结的感觉。我相信儿童天然拥有这种能力，同时他们也非常需要以这样的方式与成人相处。

二、心灵感应与生命连结

2007年的一天，我走在幼儿园上二楼的楼梯上，从楼上迎面走下两个孩子。"早上好！"我微笑着和孩子目光对视。"早上好！"走在前面的那个孩子看着我，大声回应我的问候。随之，我的目光移向后面那个孩子，我说："早上好！"孩子并没有回复我，只是深情地看了我一眼并继续走下楼梯。

看着后边的孩子没反应，前面那个孩子站住了，并且说："老师，他还没向你问好呢！"我笑着答道："他向我问好了，他在用眼睛向我问好。"正在下楼梯的孩子听了我的话，迅速回过头来，深深地凝望着我，那眼睛分明在说："你读懂了我的心。"片刻转身，如小鹿一般宁静而优雅地下楼去，脸上洋溢着被理解和被发现的满足感。

自从对连结有过一次深入的体验之后，我就对这种连结的感受越来越熟悉了。当后面那个孩子选择用眼神向我问好的时候，我连结到了孩子从心灵发出的信息，并及时热情地给予回应。尤其当我说出"他在用眼睛向我问好"时，孩子也连结到了我的信息。

这一切并没有用言语完成，完全是一种心灵的感知和生命的相遇。当孩子在幼儿园里不断与老师产生这样的心灵连结，并且更多地学习和经验生命连结的时候，他们就会在幼儿园生活得更踏实，就会对幼儿园有归属感，就像他们每次社会实践回来时，一下校车就会说："到家啰！"

三、生命的两条轨道

2008年的"六一"儿童节，我的办公室照例被征用做了领奖室，它被布置得格外温馨，摆满了各式各样的礼物。上午10点，办公室前已经排起了小小的长队，孩子们自己挑选奖品，拿到奖品后便迫不及待地与父母分享。

小小的礼物，对他们来说，有我们成人无法理解的重要。打开并触摸和探索，这就是孩子，他们与自己内在的需求紧紧地在一起，他们活在当下。

"妈妈，妈妈，快一点，不要打了！"循声望去，是三岁的安琪儿，只见她一手拎着早晨我们发给每个孩子的相框，一手拉着妈妈的手，这只手里还拿着自己的领奖票。妈妈正在打电话，安琪儿使劲往前拽着妈妈，妈妈的身体却微微向后趔趄着。看上去，妈妈和孩子身体的力量正好相反。

队伍越来越长，安琪儿更着急了，一个劲儿地喊着妈妈。但妈妈此刻却全神贯注地打着电话，对孩子的感受浑然不觉。

我走上前去，快要靠近安琪儿时，安琪儿马上大叫起来："我不愿意，我要妈妈，你走开！"看来她很清楚我的动机。

妈妈停下来，但电话依旧没有结束，情绪似乎显得很激动，丝毫没有察觉到我和安琪儿之间的事情。我只好站在一旁，看着孩子努力争取属于自己的妈妈。

安琪儿一会儿拖着妈妈，一会儿又推妈妈。妈妈的身体在推搡中趔趄着，眼神似乎在说："你等一下行不行？！"安琪儿无奈，只能努力让自己安静下来，等待妈妈。

显然妈妈的电话内容很长，而且好像和对方有些争执，完全没有停下来的意思。看着很多小朋友都拿到了礼物，安琪儿更加焦急。突然，她转身使劲推了妈妈一下。由于用力过猛，自己手中的相框"啪"的一声落在了地上。

所有人都吓了一跳，包括安琪儿和妈妈。有三秒钟的沉寂，孩子们都本能地靠向自己的父母。安琪儿也吓坏了，望着妈妈，眼睛里充满了惊恐。

妈妈似乎并不懂得安慰孩子，她自己的情绪也忍不住爆发了："让你等等，你就是不等，看，拉，拉，这下打碎了吧！我说了，打完电话就去，你怎么不听话呀！"说着，一下摔开了孩子的手，独自走开。

安琪儿"哇"的一声大哭起来，委屈再也无法压抑。她挣脱我的怀抱扑向妈妈，但此刻的妈妈也被情绪所困扰，依旧不停地抱怨着。

妈妈的愤怒与孩子的绝望，就如同一起进入到了一种"孩童"的情绪世界，但同时，又在两个不同的轨道中背道而驰着……

四、创造了生命，却为何失去了与它连结的能力

这些年来，类似的问题使孩子的父母越来越困惑。年轻的父母们努力工作，拼命赚钱，想用自己的一切为孩子创造一个好的环境。这不就是爱吗？但为什么总是搞不懂孩子到底想要什么。

也许，这就是我们今天教育所面临的问题。我们以自己成长的经验看待今天孩子们成长中的需要。但是，每位家长都开始渐渐明白，时代的变化太快了，在这个新的世纪里，孩子们不仅需要发展他们的头脑和认知，而是需要身心灵的发展与平衡。

礼物就是孩子的天使。它代表着一份对新事物的好奇，一份内心可以体验到的爱。安琪儿就处在这样的内心需求中，并把这一需求表达了出来。她不明白，为什么对于自己来说如此重要的事情，妈妈却丝毫不关心；为什么一个电话可以说那么长时间；为什么在自己情绪最坏的时候，想从妈妈那里得到抚慰却屡遭拒绝和指责？

对于成人来说，我们处于完全另外的频道，感受到的是社会化的需求、利益、财富和关系，我们习惯于从物质利益来判断事情的重要性。这本身没有问题，但对于一个孩子来说，身心灵的世界才是她熟悉和需要的，她对成人世界还一无所知，自然不能理解这一通电话可能牵扯到一笔很大的利益，她也不明白妈妈在百忙中抽空陪自己的心意。

孩子的需求与成人所给予的"爱",就这样在完全不同的两个频道,各自上演,却始终没有交集,不能对接在一起。

这样的问题,体现在父母与孩子关系中的方方面面。比如,通常父母认为对能够"挤"出时间来陪伴孩子就够了。而对于孩子来说,他们渴望父母的陪伴,是因为他们的生命需要不断地透过与父母生命的连结得以滋养。就如同健康的食物滋养身体一样,关注与重视孩子的内心感受就是滋养孩子内在世界的养分。真正高质量的陪伴,需要放下自己的事情,用心去感受孩子的心,然后产生内在心灵的连结。在这样的状态中,关注和重视孩子的需要,并关注孩子所关注的事情,这种陪伴不用时间很长,但质量却很高。

显然,安琪儿的妈妈和众多父母一样,对孩子这些内在的情绪与需求,处于完全未知的状态。就这样,一对本该天然就能连结的母女,却始终处在无法沟通的两个频道中,不能相融在一起!

五、对生命的探索、发现与创造

大多数成人认同的世界,是怎样在这个社会中通过竞争获得金钱、地位和成就,获得外在的认同和满足。

但对于孩子来说,他们更有愿望在自己的内在世界中,体验每一种丰富的感受:体会充满爱的情感、观察各种生命的色彩、触摸他们好奇想探索的东西、倾听一切爱的言语和美妙的音乐、品尝各种不同的味道然后获得它们的名字……通过这些,他们建构着自己那个丰富、温暖、柔软且细腻、美妙的内在生命!

成人不知,孩子通过建构自我的世界,让身体、感觉、情绪、心理等各种内在的生命因素都得到完整的发展,然后再来探索我们这个外在世界,这样才会拥有丰富完整、和谐宁静的人生。我们通常按照自己对世界的想象,在孩子很小的时候,就用外在世界的衡量标准来塑造他们,要求他们,这直接导致孩子无法建构自己的内心世界。内心力量不够强大，过早接触冷硬的外在世界，这带给孩子的只有挣扎和迷茫。

于是，在两个无法交通的频道中，作为强势一方的成人，他们对孩子成长的影响，就这样在不知不觉中产生了。因为成人自身的状态，就是孩子成长最重要的环境，如果我们不尊重孩子的需求，就会把孩子带离自然法则所指引的成长之路，而变成复制成人的生命。事实上，人类应该是不断进化的，孩子的使命，不是复制我们的生命，而应该是创造更美好的生命。

有的父母一定会问："怎样才能真正明白孩子，明白那个神秘的内在世界呢？"

这也许就是孩子的使命。他们的出生，将重新唤醒我们的内心，这也是我们生命应该经历的历程。让我们为了孩子，带着一份好奇，走上一条探索自我生命的成长之路吧。因为若想要进入孩子的内心，就需要先进入自己的内在生命。这个历程既冒险又艰难，但它对我们和孩子的生命改变与成长拥有不同凡响的意义。因为我们只有真正了解自己、爱自己、建构与自己和谐的关系，才能够了解他人、爱他人、与他人建构和谐的关系。当然，我们与世界的连结也是如此。

在这个成长的旅途中，我们首先要回到每个新生命出发的地方，看看每个孩子带来了什么，他们是如何起步的。让我们跟随孩子生命的脚步，重温一遍我们的童年，看看我们在自己生命成长的过程中，遗失了什么，又缺乏什么，看看自己是否也像孩子般渴望爱与被爱，检测一下自己是否被欣赏和被接纳，看看自己是否也很渴望被关注和被重视。

在这个成长的旅途中，也许你会看到一个隐藏在自己生命中没有长大的内在小孩。那时候，你就会明白为什么孩子会很容易就激怒了你，就如同安琪儿的妈妈在事件中也同样受到伤害而感到愤怒一样。

当然，你所了解的并不仅仅是这些，如果你坚持去探索你的内在世界，充满爱和安静地与内在连结，你便会重新开始了解和认识自己，接纳和改变自己，并重新整合和创造出一个崭新的自己。与此同时，那些曾经困惑你的问题也许都会迎刃而解。你不会再为以下的问题而烦恼：

"为什么孩子总是那么依恋自己的妈妈？"
"为什么孩子喜欢占有东西？"
"为什么孩子会在突然之间情绪由好变坏？"
"为什么孩子有破坏性行为？"
"为什么孩子没有安全感？"

这并不是一个轻易就能走完的过程。然而，在这一路途中，你并不会孤独，无论你是快乐还是痛苦，你都会感受到，有太多的伙伴与你同行。这样的一段旅程，是每个成长中的人必经的一条道路，在这条道路上有越来越多的觉醒者。若你相信，并做好了准备，那么就请你做三次深呼吸，然后随着我的笔，一点点去探索孩子，探索自己。在不断地探索中，追寻一个完整的人和完整的成长！为了孩子，也为了自己！

第一章

满足孩子的渴望，给孩子建立归属感

一个有着美丽翅翼带着爱的使命的天使来到人间。然而，在这个世界上，她的翅翼却一点点消失。她失去了与爱的连结，没有了归属感，她一直在做一个灰黑色调的梦，她仿佛失去了自己。她还能找回自己吗？

每一个生命的到来，在某种意义上都是一个天使的来临。

一个刚刚诞生的婴儿，他不仅是一个我们能够看到、触摸到的小身体。他的生命内部，同时带着宇宙所赋予每个人灵性的能量和信息。他犹如一组密码，承载了一个生命成长的全部资源，这使得婴儿的生命拥有了一种与生俱来的灵性精神和具有创造力的生命特质。

其实，我们也曾经是这样，只是在我们破译这些密码、进行自我创造的成长过程中，我们的环境、我们的教育、我们身边的成人，让我们的内在需求，存在太多的缺失，而非满足。比如，归属感的缺失、安全感的缺失、认同感的缺失、爱的缺失、自我的缺失……于是，我们迷失了自己。

这种缺失，并不会随着我们年龄的增长而消逝，而是隐埋在我们生命的最深处，我们很少会清晰地觉察到它们，但它们却成了我们生命的"老板"，每时每刻都在指挥我们的思想，牵动我们的情绪，主导我们的行为。

我们需要了解我们自己的需求，也了解孩子的需求……

第一节　也许是我们的父母，也许是我们自己，也许是我们的孩子！

一、在宇宙之光中诞生

光，明亮而交织着，由白变蓝，由蓝变紫。白是那么清澈，蓝是那么深邃，紫是那样剔透。

爱，弥漫在整个空气里，散落在每一个角落，围绕着每一个人。

海，宁静而广阔，一眼望不到边际，只有那一片湛蓝进入眼帘。

花园，安逸而祥和，花朵与绿树相互欣赏。

男人，被白色长袍包裹着健壮的身体，悠闲地躺在树下的摇床上。

女人，被如海水般的蓝缎包裹着柔软的肢体，优雅而宁静地编织着梦想。

孩子，被光围绕着，一身洁白，让你永远想不到有黑。

无论男人、女人，还是孩子，他们都有一对可以自由飞翔的羽翼。

那真是一个美丽的地方，令人向往而留恋！

一个可爱的小天使坐在桂树枝头，双翼发出祥和的光，正闻着清清的桂花香，陶醉在满园的七彩缤纷中，那模样时而显出圣洁与高贵，时而又俏皮与舒展。她微笑着说："我是归！"

一位长者走来，平静地对归说："你将拥有一项神圣的使命——作为一份珍贵的礼物，送给有爱的人，并再次唤醒人间更多的爱！

但是，到了人间，你会逐渐忘却你的使命。不过，随着生命的流失，你还会逐渐回忆起那爱的感觉，并再次找到它。"

带着这个使命，归扬起她美丽的天使之翼，她望着昔日玩耍的花园，然后宁静、从容且充满专注地飞离天国，飞向人间，飞向那充满一切可能的未来。

天国通往人间的路，是一条光之路。一束祥和的光，由天国直达人间，却看不到尽头。在光的隧道里，有从未听过的音乐，表达着整个宇宙的言语，这正是生命力的一部分，无法分割；有从未看过的图画，表达着整个宇宙的光芒，这正是生命力的一部分，无法分割；有从未见过的舞蹈，表达着整个宇宙能量的流动，这正是生命力的一部分，无法分割；有从未体验过的感受，表达着整个宇宙的神秘，如同生命力的一部分，无法分割……

就在这光的通道中，她张开自己美丽、轻柔的羽翼，将听到的、看到的、体验到的统统接收在翅膀之下，这让她看起来更加完全。带着一份深深的喜悦，伴随着圣歌，天使归慢慢从光的隧道飞落下来！

二、子宫记忆

这个女人知道自己怀孕了，但她并没有做好要这个孩子的准备，所以这个孩子的到来，给了她很大的压力。她甚至不知道怎么照顾孩子，如何面对未来的生活。但是，该来的总是会来的。

归慢慢睁开眼睛，原来的光芒消失了，周围一片昏暗，没有天，没有云，没有阳光，只有一片沉寂。归躺在一个安全而又柔软的气泡中。

在这个全新的环境里，归在经历生命的蜕变。她不能再用明亮的眼睛看见天国般美丽的风景，但却可以用丰富的感受了解周围的一切。她不能再享受天国的阳光，但却有被呵护的快乐。

在很长的时间里，归不断变换角度来体验自己的变化。这种变化很新奇，身体在不断增长，模样越来越清晰，只是那对圆满而美丽的羽翼却一点点隐去形象，不再能看见。当然，归清晰地知道，这个日益成长的身体和这对隐形的翅膀是不可分离的，只有它们一体化的时候，生命才具有真正的意义。所以，归会捍卫她的翅膀，并按照它的指引来不断成长。

归不仅清晰地体验着自己的变化，而且清晰地感受着气泡主人的变化。

通常，气泡中的光线和温度是恒定的，柔和、温暖。无论归用手还是脚，每一次触碰气泡壁的时候，那种软软的弹性都让她久久陶醉。虽然空间不大，但也能自得其乐。

但有时候，气泡壁突然紧缩，伴随着一股异常的空气袭来，归的身体一下子收缩，归的心也跟着一下子紧绷，幼嫩的身体也紧紧地收缩在一起，并且一动不动地将自己隐藏起来。

归知道，气泡主人那经常不约而至的坏情绪又来了。她日复一日地酝酿着这些坏情绪，却不知道，这对于她肚子里的归而言，是一个莫大的苦难。

坏情绪使她的身体散发出毒素，而毒素很快会进入气泡中。归感受到灰黑的迷雾带着一种刺鼻的气味在气泡中蔓延。这种感受不仅会让归感觉混沌，也会让她间断忘记天国以及光之隧道中的感觉，忘了这些就会忘了使命呀！

每每面临这一刻，归总会用宇宙赋予她的灵性之光去轻轻触摸那片灰黑，抚慰它，接纳它！这时，爱的法则就会显现力量，慢慢地将气泡中的灰黑消融。

这种工作有的时候很频繁，并消耗着归由天国带来的能量。但天使归始终坚守，因为她带着信任、希望和爱而来！

三、对人生的第一次感受

该来的终于来了,这个女人到了预产期。她的丈夫虽然非常忙碌,但还是陪着她来到了医院,迎接孩子的到来。

这一天,归随着一股力量进入到黑暗而潮湿的通道里,与先前那柔软、温暖的气泡完全不同。通道不停地、一松一紧地、强烈地挤压着归的身体。

眼睛睁不开了,昏暗而柔和的光没有了。耳朵听不到了,轻柔而优美的歌声没有了。嘴巴紧闭着,先前甜美的味道已消失不见。呼吸也从未有过地艰难,甚至感到似乎要窒息。

归将双手与双腿紧紧地贴住自己的身体,头向下,努力且拼命地向下挣脱着。那种难以承受的挤压一轮接着一轮地"轰炸"着归。

随着几声震耳的尖叫,一股巨大的力量,终于将归从通道中推挤出来,掉在一个巨大的新空间中。从这个新空间的定义来说,归出生了!

这个空间嘈杂而又刺眼。

归习惯性地将自己的手和脚伸出去,去寻找那柔软又有弹性的气泡壁,却发现什么也触不到,那是一种没有任何回应的"空的感觉",她找不到可以倚靠的东西。归紧张不安。她开始大哭,用哭声来见证自己的出生。这样的诞生,原本应该有份祝福,就如同回荡在耳边天使般的祝福,并能够像种子一样种进归生命里的祝福。但是没有,身边的大人们,似乎被这个小生命的到来搞得不知所措或者是习以为常,所以不会或者忘记了与这个小生命连结并送上一份祝福。归只能用哭来释放自己所有的不适。来到世间的第一份恐惧就这样悄然地埋在了归的身体中。

新生命第一次睁开眼睛,模模糊糊看到一张面孔,这张面孔是高兴、是惊喜、是宁静、是悲伤、是沮丧,都如同一颗种子一样无意识留在孩子体内。婴儿的生命处在一种天然的张开与空无的状态,任何一种环境他都在无意识吸收。

一天又一天，归看到的面孔越来越清晰，正是这个每天给她甜美的乳汁，为她清洗身体，为她更换舒适的衣服的人，与自己有一种深深的同在感。尤其是在吮吸乳头的时候，那种熟悉的连结感如同在母胎中感觉的延伸，这种感觉总能让归安宁下来，像坐在莲花的中心。

归时刻体验着与母亲的同在感，并且通过这种同在感用自己内在的声音连结母亲："让我们连结，让我们同在！让我们连结，让我们同在！让我们连结，让我们同在！让我归属于你们！"

年轻的母亲并没有做好准备，她还不知道养育一个孩子到底意味着什么。传宗接代是一种自然的选择，但对于生命的意义，显然这对父母并不懂得。再加上在一种特殊时期，在生存压力的环境中，情感与爱都显得苍白而无力，又何尝能体验到生命的连结与同在感呢？因此，父母作出了一个决定。

四、生命的离别

"送到乡下让爷爷奶奶带吧，我们小时候不都是这么长大的嘛，等上学了再带回来。"爸爸的声音茫然而生硬，同样的成长经历让这个男人的内在情感封闭而单一，他已经将生命中美妙的同在与连结体验，连同内心的渴望一起压在了冰山底层的潘多拉盒子中。他完全忘记了生命的花园。

就在这样的理念之下，归远离了父母。分离的那天，归看着母亲的眼睛，看着父亲的面庞，越来越远，越来越模糊，那种同在与连结的感觉更是渐渐远去……归的哭声让她的呼吸短促，身体渐渐紧缩。

离开的那一刻，母亲、父亲的面孔，犹如一幅定格的画面，清晰地停留在归的记忆里。

她知道，她把她的心，放在母亲的身上了，见不到母亲的时候，她总感受到她的心有一种被撕扯的痛。只是她无法说出来！但她并不知道，其实从这一刻起，自己与父母的生命连结，已经越来越远，甚至已经割裂开了。

造物主是神奇的，他给了孩子弱小的身体，却也给了他强大的爱的能量，唤醒别人的爱，也疗愈自己的伤痛。慢慢地，隐形的羽翼将归包裹起来，爱缓缓地流淌在归的身体里。爱的法则再次显现力量，归慢慢回到有呼吸的地方，慢慢恢复活力。带着从天国带来的信任、希望和爱，归重新充满希望。

笑声，不断的笑声，归表达着对周围人的友善和爱。

哭声，不断的哭声，归也向周围人传递着自己的需求。

归用自己的方式向周围传递着信息，但周围的大人们，似乎只是把这些理解成为一种毫无意义的表情。她的笑声让他们放心，她的哭声让他们烦恼。他们一如既往地按照他们自己认为的正确方式，照顾着归。

归的内心在呐喊："我的需要是这样的，而不是你们认为的那样！"但她的呐喊不能引起大人们的注意。她能够做的，就是用自己的眼睛记录自己的历史。

五、失去连结，求得生存

在这个世界已经走过了一个年头，归的内在始终有一种强烈的渴望，那就是再次感受在妈妈肚子里的感觉，感受那种温暖、那份舒适、那片安宁。归的生命需要借助这种感受带来的力量，迈向新的人生历程。

但是，无论多么渴望，那种与母亲生命连结的感觉都已经无法再现。就在与孕育自己的父母分开的那一刻起，她已经彻底地离开了自己的生命，心中留下的只是一颗被抛弃的种子。

归与爷爷奶奶也渐渐地建构了一种亲密关系，因为他们对她很好。爷爷每次赶集回来都会给她买好吃的，奶奶会给她缝制新衣服。但是这份亲密总是不能够让归感受到生命的连结。除了吃饭睡觉，老人并不知道归为何时常感到孤单，即使有很多小朋友和她一起在田野里跑上一天，傍晚回家的时候，那种孤单与失落依旧会偷袭归的身心，尤其是每个小朋友都被父母叫回去的时候。

这让我想起了《小鹿斑比2》，当伙伴们被自己的妈妈带走的时候，小斑比无比孤单地躺在雪地里，梦到了闪着金光的母亲，它奔跑过去，直到母亲的怀抱："妈妈，你为什么要离开我……"

归也时常做和小斑比一样的梦，不同的是，每一次奔跑过去的时候，画面总会变成那个渐渐远离父母的场景，然后梦中的归就不断地找妈妈，那画面总是由灰慢慢变黑，那颗被抛弃的种子也在体内蔓延、扩张，它甚至突破了天国赐予归的爱的能量……

然后归哭着醒来。醒来的时候，总是在爷爷或者奶奶的怀里。到底归属于哪里？在反复的梦境中，在反复醒来的场景中，归的潜意识终于做了一个决定，就归属在这对老人的世界中吧！

六、经验产生的信念

六岁那年，父母要接归回去读书。但归哭着死活不肯，原因很复杂，她不太熟悉爸爸妈妈，又很依恋爷爷奶奶。当然老人也同样依恋这个新鲜的生命。于是，归留了下来。梦还是同样的梦境，但是快乐与自由也让梦境开始丰富起来。

不多久，在父母的强行安排下，归回到父母身边。城市生活对于归来说是陌生的，与父母一起生活也是陌生的，尤其是一直和父母生活在一起的妹妹，那更是一个陌生的家伙。

这一切的陌生环境，让归再次失去归属感。自己到底属于哪个"派系"，到底是谁的孩子？做梦的同时她开始时常问自己这些问题。

在新生活中，归的内心很渴望也能从妈妈那里，获得跟妹妹一样的爱！但是，表面上归却很疏远家人，不是不想靠近，而是不会靠近。一旦靠近，那种曾经被远离的场景与感受就出现了。所以归时常感觉不到自己的存在，这种突然之间就完全消失的感觉让归看着母亲与妹妹的亲密、渴望着母亲与自己的亲密，但却始终无法体验那种亲密感。对于母亲而言，她当然还不明白，一个在幼年经历了生命分离且缺失生命连结的人，发展亲密关系对她来说是怎样艰难的历程。

如何做才会获得被爱的感觉呢？在内在渴望的驱使下，她开始用潜意识对自己说：之所以会离开父母是因为自己不够好，之所以没有得到与妹妹一样多的爱同样也是因为自己不够好。所以想要成为这个家庭中的成员，就一定要超过妹妹，做一个全方位出色和完美的人，这样才值得被接受。

于是，她开始观察成人的脸色，琢磨成人的语言。她懂得如何透过出色的表现去讨好他们，让他们高兴，并且吸引他们的注意力，为了获得爱与关注，她忘记了自己，将生命的全部看向了这个外在世界。就这样，她用自己的方式来求得生存。

七、成长的烦恼

十五岁的归仿佛不再孤单，又好像更加孤单，冲突在她的心头滋生。这种感觉，让归无可抑制地恐惧，因为她无法预知自己的生活，当然也无法获得内心的支持与爱的关怀。越是匮乏，越是渴求，她对这种爱与支持的渴望和追求，已经远远大于对这个世界的探索与认知。而她的父母并不明白这一切，他们只是关心归的成绩是否达到他们的期待，他们希望通过训斥与要求，让她反省，让她重新走到他们认为正确的发展轨道上来。在他们的理解中这就是爱，这也是他们能尽到的最大责任。

孤独、恐惧的日子里，归总是会回到某种情境中，既反复地出现在梦境中，又总想逃开令人生厌的情境——孩子那么小，家那么遥远，站在门口的大人是那么的模糊，画面的颜色总是由灰逐渐走向黑，一切的感觉是那么的冰冷……

每次做这个梦的时候，都是归情绪低落的时候。她记不起具体发生了什么事情，但那种感觉却总是真真切切，好几天都无法忘记。

直到有一天，她走在路上，一阵撕心裂肺的哭声传来。"妈妈，妈妈，不要留下我！妈妈，妈妈，我听你的话……"归的胸口，有一种猛烈抽搐的痛感。她恍惚着追随哭声走过去，一个孩子正边哭边追赶着妈妈……

那一刻，归的内在，有感同身受的绝望与伤痛。不一样的孩子，不一样的父母，不一样的场景，却有同样的感受，似乎昨晚才刚刚在梦中见过。当然更相同的是那灰黑的色调，那冰冷的感觉以及静止不动的画面。

归就那么站着，很久很久，没有任何意识，只是站着。她的脸变得苍白，再由苍白变得发红，一种愤怒夹杂着潜意识的痛苦，慢慢地涌上心头，这种感觉以前从未有过。那个瞬间，归内心的爱、信任以及希望也悄然远去，像是被埋在生命的冰山底下。带着一种冰冷，潜在的绝望、愤怒和痛苦的综合情绪开始在那看上去平静的体内滋生。

瞬间，她的上臂与后背感到阵阵疼痛，犹如被抽走了什么。她不知道，那是她美丽的隐形羽翼……

归彻底地变了。

生活的意义到底在哪里？也许改变这一切的，只有离去，离开这里！

八、寻找归属感

带着自己的信念，带着对新生活的憧憬，归进入新的城市，走进了大学校园。

新的一切，让归的内心充实而平静。那个梦境，也已经很久没有出现了。

直到有一天，一个听上去热情而有些羞涩、期待中带有渴望的声音响起："我很喜欢你！"在对方炙热的眼神注视下，归的内心再次掀起了波澜。她有些不知所措，紧张、兴奋、愉悦、担忧……

甜蜜像晃荡在微波阵阵的湖面上的小舟，晃得人有些微微的眩晕；幸福使得她的脸上绽放出从未有过的光彩。她开始恋爱了。"也许，这是我真正的归宿。"她幸福地告诉自己。

男孩是那么体贴，那么关心她，对她的每一个需要、每一份情绪都是那么的在意。这让归感受到一种从未有过的温暖。她也付出自己的全部，全心全力地爱着这个男孩。

不知为何，那个梦又开始进入归的世界。不同的是，那灰黑不再是始终如一，而是变成了淡淡的彩色。

超越自己所有的付出，总是短暂而不能持久的。激情褪去了，真正浮现出来的，更多的是需求。两人都开始抱怨对方给予自己的太少，对方太不了解自己。

这段恋情留下的仅仅是回忆，因为恐惧与防御总是偷袭归的心灵，让她无法完全信任对方。并且，归讨厌对方那有条件的爱！

其实，这个世界上，基于同样原因，随风飘逝的爱，又何止他们两个？虽然拥有着不同的成长经历，但内在却充斥着同样的恐惧：

"我害怕，怕让真实的需求跳出来伤害现在的生活，我无法面对，无法承受内心那种隐隐的伤痛与强烈的需求。"

"我害怕，怕认真思考情感断裂的原因并去面对，宁愿经历一段又一段不明不白的激情，然后去承受激情之后的孤寂。"

"我害怕，怕付出真情去确定这份爱的时候，却换来更多的伤害和更多的冷漠与敷衍。"

"我害怕，怕划亮那根家的火柴，却终日处在怕熄灭的惶惶不安中，而又要用理性来保持平静的状态。"

在需要选择伴侣的阶段，那种生命中被抛弃的感觉总是隐隐地左右着归的生活，但又无法辨别，到底是潜意识的害怕和不信任，还是意识的拒绝。总之，这种感受让归在与异性相处的时候，始终保持着界限分明、不敢完全投入的状态。她丧失了创造和享受亲密关系的能力！

即使她选择了伴侣，看到的是同样的需要，感受到的是同样的渴望，这些都让他们像两个没有大人照顾的小玩伴，时而快乐无比，时而又吵闹不堪，彼此争夺，彼此索要。每到战争发起的时候，无助、恐惧就会再次袭来，那片灰黑，那个场景就会同时出现。

归终于厌倦了这种没有色彩的生活，她决定寻求改变，她要知道自己是谁?

第二节　探索生命，发现自己

归的人生经历，不是我们的全部，但一定照射出你我生命中一些伤痛事件所留下的阴影。这一切不是不能改变的痛苦，这只是我们与我们的父母经历了一个特殊时代所留下的一段哀伤的记忆。透过这些记忆，回顾我们的历史，让我们勇敢地再次去看看这些伤痛，去发现伤痛带给我们的不仅仅是痛苦，在每段伤害的背后都有一份善意，这样我们将转化这些冰冻在我们体内的负向能量，让它回归到我们生命的资源中。

一、家族能量的延续

在生命的归属问题上，探索家族系统的能量对发现自己有着巨大的帮助。

海灵格家庭系统排列向我们呈现了家族系统的力量——我们延续着家族、家庭的模式与能量。所以当你决心探究自己生命内在的时候，不妨和你的父母聊聊天，从他们那里了解你的童年，了解他们的生活，这都有助于更好地了解你自己。

《茉莉花开》这部影片借助茉、莉、花三代女人的情感故事，向我们展示的就是家族能量延续的故事。

故事的开篇，是上世纪二三十年代的上海，一个经营照相馆的单亲家庭。十八岁的茉，天生丽质，虽与母亲生活在一起，但在心理上却非常疏离。茉对未来生活充满了憧憬，并梦想着寻找一个能够让自己有归属感的地方。偶然的机会，茉认识了电影公司的老板孟。

在孟的包装操纵下，茉一夜之间成了风光无限的明星。茉以为自己从此找到了一个如同父亲般王子的怀抱。很快，茉怀上了孟的孩子。可是不久，战争爆发，茉被孟抛弃，同时也失去了明星的地位与光彩。她被迫回到母亲那里，生下私生女，取名叫莉。

莉很小就目睹了外婆被骗后自杀的情景，同时她与母亲的心理关系也是异常疏离。长大后的莉一心要离开这个阴冷无爱的单亲家庭。很快，她认识了长相英俊、出身良好、工作积极的水泥厂工人郭杰。莉怀着一份强烈的归属感来到郭杰家中。在那个以政治标准择偶的时代，俩人很快成婚。

由于家族文化的巨大差异，以及从小没有安全感的心理状态，莉发现自己在丈夫的家里无法生活，于是她渴望的归属梦破灭了。无奈之中，莉选择回到母亲家中生活，她的丈夫随后也住了进来。莉与丈夫都希望生个孩子，来感受真正的家庭生活，但她却不能生育。为了能满足做母亲的渴望，她从福利院抱养了一个小女孩，取名叫花。花成为家庭的中心，享受着父亲给予她的爱。但莉对生活极度不满，成长的经历让她患上了精神分裂。她甚至怀疑丈夫对女儿做了不该做的事，致使丈夫无法承受，卧轨自杀。莉在悔恨中绝望地追随丈夫而去。这是上世纪五六十年代的事，当时花十二岁。

之后，花与外婆茉生活在一起。在上山下乡期间，花结交了男友杜。结婚当天，杜就离开花去上大学。花承担了所有经济与生活的压力，卖命挣钱供丈夫读书。花以为付出了一切，就能获得那份属于自己的爱。然而，杜在大学毕业后却决绝而去，随另一女子去了日本，此时的花已经有孕在身。

花在滂沱大雨、无人救援的深夜，独自躺在街边，艰难而勇敢地产下一个女儿。二十世纪八十年代初，花依旧独自带着女儿……

故事本身伤感、压抑，色调灰暗，但同时，又让人隐隐看到希望。

整个影片对我触动很深，让我认真地审视了我们的成长，并体会到原生家庭对成长的影响。我们看似成人，内心却都充满了孩子般的无助。这种影响，我想称之为生命信息，它包含着父母的心态、父母的成长经历、父母的习惯看法以及父母的意识形态。

我们每个人在胚胎形成的那一瞬间，无论是身体还是心灵都充分地感受到父母所给予我们的所有生命信息，它们伴随着胚胎的发育而不断发育。在之后漫长的成长过程中，家庭中的生命信息继续影响着我们的行为和选择，指引着我们在之后的道路中成长。

在《茉莉花开》里，我们看到花受着莉的生命信息影响，莉又在受着茉的生命信息影响，茉也不例外——这种原生家庭中的系统信息让她们一代一代背负着生命的旧有色彩，一代一代不知道自己应该属于谁，当然也在一代一代寻找着能够让自己归属的人和家，而遗忘了生命本应有的灿烂。幸运的时候，也许我们会寻找到那份灿烂；但我们更需要褪去旧有的色彩，让新生命更加纯粹地去感受属于自己的那束阳光、那片璀璨。

二、接纳父母，接纳家族系统

接纳是生命转变的开始，如同我们在母腹中开始生命一样。所以，我们生命能量的转化也应从接纳我们的父母、接纳我们的家族开始。

世上没有不爱自己孩子的父母，只是爱的方法不同而已。父母们经历了比我们更艰难的成长环境，他们的生命里有着更多的创伤。所以，当我们出现在他们的生活里时，他们无力爱，无力关注。不是不想，而是不能。

很多时候，我们会抱怨，抱怨父母为什么不能给我们更多，为什么不能更好地养育我们。但只要你去和父母交流，听一听他们的童年，相信你一定会有另一番感受。

何况无论如何，父母给予了我们生命，让我们有机会领略人世间的一切。我们应该为此而感激他们。

我母亲对我的爱是情绪化的，时冷时热，为此我不喜欢情绪化的人。但在这些年的成长中，我通过与母亲每一阶段的对话来感受自己与母亲的内心变化。直到那次关于死亡的对话，我才真正体会到什么是接纳。

母亲老了，她总在考虑自己最终的归宿在哪里。我清晰地知道她的担忧，以及潜在的对死亡的恐惧。有一天，她再次老话重提："如果我死在……那么我就要……即使……你们也要……"

以我对母亲的了解，自然明白母亲话里话外的担忧。无论我们做儿女的如何安慰，如何保证，都不能打消她的这种担忧，她的内在却还是老样子。这类的话题已经是我与母亲谈话的主题之一，时间久了，每次听到它，我的内心都隐隐地焦虑与担忧。所以，在很长一段时间，我都选择逃避，或者责备，或者是无意义的安慰。

但这次，我没有再像以前那样。当母亲再次唠叨完之后，我的内心涌动着一股力量。看着母亲苍老却依旧稚气纯真的面庞，看着母亲的眼睛，我坐在她的身旁，缓缓地告诉母亲："在这个世界上，孩子与母亲的关系是最高级的一种关系，因为我们曾经是一体，所以我们的关系无可替代。我明白你的意愿，你放心吧！"

母亲愣住了，她没有再说话，但我看到她脸上露出了一种深深的感动。我知道，母亲听懂了我的意思，并且为此感动。

那一刻，我与母亲之间有了一份心灵的连结与能量的流动，一份爱经由我们两个人的生命流过，这就是接纳的力量。那天之后，母亲有了很大的变化，我知道她轻松了很多。

三、接纳自己的历史

每个人都有历史，我们就生活在历史的长河中。历史的美妙就在于它们曾经真真切切地存在过。同时，历史也彻彻底底地影响着我们的今天。

无论成功还是失败，快乐还是伤痛，辉煌还是平淡，都铸就了丰富的历史。所以对于历史，我们并不是要停留和沉醉其中，而是要接纳和理解。这种接纳，绝不是陷入其中，不能自拔，而是一种学习。学习接纳一切历史的时候，我们也开始尝试与我们的根、与我们的生命力做连结。并且，试着用我们隐藏了很久的成人智慧，让我们成长和改变。

宇宙赋予我们太多太多的智慧和勇气，只是我们大部分的状态都停留在受伤小孩的状态，并没有留意我们内在丰富的储备。所以，当我们准备从接纳走向改变的时候，我们内在的丰富储备就自然开始启动。

这一切的开始，无疑会为我们的家庭、我们的社会带来生机。同时，对于孩子的教育也注入了新的生命。这使我们用我们的改变，创造出崭新的、更合适我们这个时代的一切！

切记！请放下改变别人、改变世界的想法，只要我们改变自己，那么他人与世界的改变便将随之开始！

四、接纳不等于喜欢

很多时候，我们的头脑告诫我们，接纳现实、接纳历史、接纳生活的重要性，但我们的内心感受却背离我们的初衷。因为，要真正做到完全的接纳不是一件简单的事情。也就是说，头脑接纳，内心排斥。换句话说，就是我们的意识接纳，但我们的潜意识排斥。这种冲突时常在我们身上发生。

究其原因，是因为我们容易将"接纳"与"喜欢"混同。因为我们不喜欢，所以我们不接纳。这一观念在我们的成长中，深深地印在我们的心底。

但是现在，我们需要改变。比如说，在我们的生活中，有许多不尽如人意的人与事，通常由于成长中形成的价值观与信念，我们的内心对它们总会产生反感与排斥，而这种反感与排斥，又会激起我们内在的愤怒，于是我们开始抱怨与指责。在这样的环境中生活，受伤害最大的是我们自己，痛苦就是这样产生的。假如我们能够将眼睛看向我们的内在世界，就会更多地关注我们自己的内在需要什么。我们要告诉自己，我们不喜欢这些，但是我们需要接纳，因为这就是现实。在一个环境中，总会有黑有白，每一个人的生命状态，都处在不同的层面，每一个人都在以自己的方式尽力生存，所以我们应该接纳。我不喜欢，但是我可以接纳。这样的坦然，会很好地尊重自己的内在，会让我们不必为别人的问题而苦恼自己。

第三节　对孩子说："我们的生命连结在一起！"

一、透过发现自己发现孩子

经历了发现自己、探索生命的历程，我们开始用新的视角来检视我们的育儿方式。我们无须评论育儿方式的好坏，只是随着人类自然进化的历程去探索更为适合孩子生命成长的育儿方式，并在这个探索中，发现并走进孩子的精神世界。

直至今日，我们依旧保持着一份传统的育儿方式：基于各种生活、工作上的原因，我们把孩子放在爷爷奶奶或姥姥姥爷家里，把孩子放到全托幼儿园里。尤其是独生子女家庭，孩子成为了舞台中的唯一主角。所有的聚光灯都射向了他们，一方面他们享受着无限的生活关注，一方面又失去了成为自己的自由。享受并没有让孩子真正体验到生命的归属感，失去却让他们无法成为自己，去感受他人，探索世界。父母没有走进孩子精神世界的能力，而老人们也只能尽最大努力照顾着孩子的身体。谁会关注到身边这个小人的内心世界？

我们可能有一万个理由对孩子说："我这样都是为了你好。"但对于孩子，他只是在不断地质疑生活：为什么父母不能真正看见我？为什么父母不懂我的心理需求？为什么父母不能理解我的感受？毫无疑问，我们绝大多数父母，都把孩子当成是"心肝宝贝"，但我们所做的事情，确实给孩子的心灵留下了莫大的伤害：孩子的心没有归属，孩子在承受着无数次被抛弃的感觉。现代社会，孩子被送人的事情越来越少，但是由于父母情感的不成熟、面对孩子不知道如何用内在生命去连结造成的情感疏离与眼神空洞，依旧让孩子有被抛弃的感觉。宇宙在进化，地球在进化，人类也同样在进化，今天的孩子，他们的精神世界在进化中更加细腻、精微与敏感。这样的生命还怎能用我们曾经的育儿经来养育和教导呢？

犹如需要物质和心灵的营养，今天的孩子更多的是渴求生命的滋养。孩子需要心灵的关注，需要与父母有内在生命的连结。在这个生命的连结中，孩子经历着一种真切的归属感，并在这份体验中，逐渐学习建构自己。对于父母，我们有多少人了解孩子这样的需求并很好地满足呢？

二、爱，是否还停留在旧模式中

"这孩子怎么这么烦呢！"话语虽然很平淡，但内在的焦虑却透过话语显露了出来。

齐齐妈妈非常爱齐齐，对孩子的照顾可谓无微不至，对孩子成长的关注可谓时时刻刻。为了齐齐能上一所好的幼儿园，她不辞劳苦，四处打听、了解各个幼儿园的情况。终于看上一家幼儿园，并立刻把家也搬到了附近。但齐齐入园后的状况并不理想。在继续寻觅的过程中，齐齐妈妈了解到我们幼儿园，并很快把齐齐送了进来，并再次把家也搬到了幼儿园附近。

齐齐入园后，他的妈妈经常和老师沟通，也常和我谈论孩子的情况。我能感受到，这位妈妈真的是把全部的心思和精力都放在了孩子身上。

这天下午，齐齐妈妈又和我谈起孩子近期的情况。能看得出，她真的很爱孩子。吃过下午餐的齐齐，看到了妈妈，兴冲冲地跑过来，抱住妈妈的腿，不断在妈妈身边绕来绕去。"抱抱齐齐吧，他想妈妈了。"我提议。"等会儿，妈妈正和老师说话呢！王老师你看，这孩子怎么就这么烦呢，老爱这么黏着我。"妈妈显得有点儿不耐烦。这个不耐烦显然来自妈妈对儿子的期待，她期待已经四岁多的儿子更能够像个大孩子一样独立，而非这样黏着妈妈，但妈妈并不明白为什么孩子总喜欢黏着她。当然已经四岁多的齐齐也感受到了妈妈话语背后的情绪，他并不知道该怎么办，只有表现出不高兴的样子。

我能感受到，当孩子走近妈妈时，妈妈想和孩子连结，但内在却有些不知所措，不知道怎样自然地和孩子在一起。在头脑的认识中，母亲是明白的：孩子与自己分离快一天了，他渴望与妈妈在一起，连结到妈妈欣赏与爱的目光。同时在这个时候，母亲也应该给孩子一份爱的能量来滋养孩子的生命。但当做的时候，不是没办法就是失去了力量。这不是父母的错，这只是父母对生命太陌生了，这种陌生导致情感疏离，失去了彼此连结的能力。

今天，当我们开始知道：除了物质的需要，孩子还需要一个精神家园，还需要在和父母的亲密相处中，学习与自己、与他人、与世界亲密相处。当你发现并开始体验到这些的时候，你还会停留在原有的生存模式中吗？

三、归属，生命之初的渴望

让我们再回到孩子出生的那一刻，去发现我们自己求得生存的模式。那是我们太多人已经遗忘的角落，但那里却蕴涵着无限的秘密。

从母亲孕育胎儿的那一刻起，胎儿无论身体还是心理，都与母亲是一体的。在母体里，胎儿的生活环境是柔软的、舒适的、温暖的。十个月后，胎儿的身体随着那条黑暗、潮湿和紧压的通道，艰难地来到这个世界上。他的身体与母体分离了。

婴儿出生了，来到一个完全陌生的世界。当婴儿再次将手、将脚伸出去的时候，没能再碰触到那柔软又有弹性的气泡壁，而是没有任何回应的"空的感觉"。

这是怎么了？

婴儿充满了恐惧和不安。他完全不知道发生了什么。也正是从这一刻开始，他迫切地需要安全！需要依靠！对他来说没有什么比安全更重要了——再不能像以前那样直接从母体的羊水里获取营养了——没有照顾、没有安全，将意味着生命的终结。

为了减少太多的恐惧，婴儿在身体与母亲分开的同时，把心依旧留在了母亲那里。也就是说，婴儿在心理上和母亲仍然是一体的。他需要母亲能够随时随地、全身心地感受他的感受，感受他的需求，并及时满足他。因为他需要一个漫长的过程，在此过程中逐步、平稳地适应这个生硬的成人世界。当然，他更需要从母亲那里获取充分的心理上的安全感和归属感，以奠定自己一生安全感的基础。这也是一个生命必须首先奠定的基石。

父母，尤其是母亲，将是孩子生命中第一个最可以依靠的人。无论是在生理还是心理上，他都需要不断从母亲那里获得安全的体验和满足。

为幼儿在心理上与母亲一体化的特征所决定，生命在两岁以前是无法与母亲分离的。例如，他会用全部感觉去闻母亲身上的味道，慢慢认识母亲大概的模样，去辨别母亲的声音，去感受母亲的心跳。由于他们的心相通，所以，当幼儿不舒服的时候，他希望妈妈抱自己；当幼儿发现什么而笑时，他希望妈妈也能与自己一起笑；当发现妈妈不在身边时，他会不安地哭……幼儿非常清楚，只有母亲才牵挂他，只有母亲在身边他才有安全感。幼儿所做的一切，无论是哭、闹，还是索取，都是他的心理需求的表现，"你那里有我所需要的一切，我要你给我"。

孩子天然地需要母亲给他这一切。通过需要获得这种无条件的爱，来增加自己与母亲心理上慢慢分离的能量，来获得面对这个世界的归属感。当他从母亲那里获得充分的归属感时，他会发现他就是世界的一部分。在美国影片《雨果》中，小主人公对要去通过寻找自己亲生父母来证明"自己是谁"的好朋友说："世界就是一部机器，每个人就如同机器中的零件，而每个零件的存在都自有它存在的价值。"一旦这样的信念稳固地建立在孩子的内心，孩子将不再渴求从别人那里获取能量，他知道自己是谁。

四、生命的神圣与高贵

对出生的探问，是孩子对生命来源的最初探究，他们还会进一步探究自己的归属。一般在四五岁时候，孩子明显出现"出生的敏感期"①。孩子在这个阶段，开始询问自己从哪里来，并且是一遍又一遍地问。

当年我们这么大的时候，也曾像他们一样，对自己的出生有一种懵懂的好奇。我们很想追寻那种生命之初的归属感，我们需要认真了解我们来自哪里。这本是生命的一种自然倾向。

但是当我们探问此事的时候，因为文化的原因，我们的父母很难坦然地告诉我们：你是我们爱的结晶，你的生命是高贵的、圣洁的。因为真相的难以启齿，父母往往给我们编造一个答案。他们哪里知道，这会让我们在稍大的时候，对自己的来临，有一种深深的耻辱感。

李少红曾导演过一部叫《恋爱中的宝贝》的影片，片中女主角

---

① 关于敏感期的内容，可参看孙瑞雪老师编著的《捕捉儿童敏感期》，新蕾出版社，2005年版

不顾一切疯狂地爱上了男主角。相信这部影片吸引了不少热恋中的男女，他们为那种疯狂的爱情而深深感动。

而如果我说，女主角并不是热恋那个男人，只不过是追寻在母亲那里缺失的爱时，你也许不会认同。但我认为，事实就是这样！

影片一开始，自称宝贝的女孩，在读自己写下的一篇文章——《关于我的出生》，其中清晰地描写了自己出生的那一夜，被丢弃在垃圾站里的一幕：在风雨交加的街头，一个无助的婴儿大声啼哭着。突然，镜头中迎面扑过来一只硕大无比的猫，似乎要一口把这个婴儿叼走。

想象一下，那一刻，这个婴儿多么无助！从此恐惧就深深地刻印在她的内心深处。她之所以追求那疯狂的爱情，正是因为在生活被抛弃太久的缘故。她想寻求在母亲那里缺失的归属感，她在渴望能再次真实感受母子一体的感觉。

而那街头啼哭的场景，恰恰就是母亲给她描述的。因为在那个年代，与性相关的话题，都是与羞耻相连的。所以，做父母的成人更愿意对孩子说，"你是捡来的孩子！""你是嘴里吐出来的！""你是腋下掉出来的！""你是墙缝里跳出来的！"成人不断地用这种谎言来搪塞一个儿童对出生、对归属的内心需求。但成人并不知道，这种说法让孩子内心充满了恐惧、伤害和很低的自我评价，孩子会获得一个信息：我们的出生不过如此，我不值得拥有一个美好的生命！

我们就这样带着看不见的内在伤痕，慢慢地长大，不知道来自哪里，也不知道去往何处。关于生命，关于性，我们一无所知。这种迷茫，伴随着我们的一生。我们以为事业成功就可以解决这一切。但实际上，原有的那份不安全感，始终留存于我们内心和潜意识深处，无论我们付出了怎样的努力或获得了怎样的成就，这份不安全感也无法消除。

现在，我们的孩子依旧在重复这个问题。对这个问题的回答，将直接影响孩子对生命的认识。那么，应该怎样做呢？

当有孩子问起"我是从哪里来的"时，我们的老师会这样做：取出《儿童知识百科全书》（每个教室里都配有这本书），翻到关于出生这个章节，将生命形成的全部过程科学地讲给孩子听。有的孩子会要求老师反复讲；有的孩子会仔细看书上的图片——胎儿从一个月一直到出生的每一幅图片；有的孩子听着听着会流泪。同时，我们还会请来怀孕的老师，让孩子亲眼看见，亲手触摸。这样的经历，使孩子对生命的诞生有了自己的理解，从此他会对生命充满敬畏，懂得怎样爱护自己。

五、真实地看见自己才能真实地看见孩子

我们在人生第一站错失了太多。回到三十年前，看看我们的童年，有多少孩子在两岁以前获得过这种无条件的爱？获得过这种安全感与归属感的满足？

从我们的精神胚胎和生理胚胎形成的那一刻起，我们就用生命的全部感受着这个孕育我们的人。在我们不断的体验中，我们时常感到，父母并不完全是因为相爱才拥有我们，还有其他的原因：意外怀孕、想要男孩、传宗接代，或是仅仅为了生育而生育。

如果我们是父母的第一个孩子，那我们在母胎里其实就已经开始感受母亲的忐忑与不安，因为她对如何孕育一个生命几乎一无所知。如果我们是父母的第三个、第四个孩子，那我们在母胎里或许已经感受到，已有了几个孩子的母亲并不情愿留下我们，但是她没有更好的办法处理我们。所以我们只能小心翼翼地活着，把所有美好的希望都寄托在出生之后。也许那里是一片晴空，有我们的一席之地。

这种从生命之初就有的伤痛，每个生命都无法回避。也因为如此，我们才会在每一个痛苦背后发现生命真正的意义。迎接我们的

并不是我们期待已久的爱，或者由于某些原因被父母送人从而寄人篱下，再或者虽然被留下却背负了所有的内心创伤，这一切的一切，都让我们再一次清楚而深刻地领略被抛弃的感受。但是生命的力量却永远储存在我们体内。"我们生来就是痛苦的"，这让我们学习接纳我们生命之痛以及成长中的苦难，与此同时，生命的希望之光也让我们在创造与孕育了新生命之后，开始学习回归生命的中心，这就是创造和孕育新生命的意义所在。

六、改变从心开始

太多人都会有此体验：尽管每天都很努力地工作着，但突然某一天，却发现这份工作并没有给你带来想象中的成就感，内心顷刻之间充满了无意义的感觉，甚至觉得生活很乏味。随着这种感觉慢慢扩大，你将难以分辨：这种无意义感是指向工作，还是指向你自己？你似乎没有能力摆脱出来，只是在这种迷茫之中，继续周而复始地生活着。而这种现状，让你连带着增加了一份无助、无望的感觉。

静心想一想，你有一个爱自己的丈夫或妻子，有一个可爱的孩子，有一份满意的工作。但是，当那种没有成就感、没有意义的坏情绪来袭时，为什么依旧会出现无望与无助呢？或许你会把它们归结为情绪，想着情绪就是一时的坏心情，过一阵就好。但你有没有认真地想过，这种情绪为什么会经常地袭扰自己？当你开始对你自己的内在产生好奇的时候，一些促使我们改变的新信息自然就会出现。

是什么位居我们生命的核心？是什么支配着我们的情绪和感受？

我们有五种核心限制性信念：第一，无资格；第二，被抛弃；第三，无意义和无价值；第四，无助感；第五，无望感。这五种核心限制性信念，隐埋在我们生命的最深处，我们很少能够明晰地觉察到它们，但它们却实实在在地做了我们生命的"老板"，每时每刻都在左右我们的思想，牵制我们的情绪，主导我们的行为。可以这样说，它们弥散在我们生命和生活的每一个角落。

在一次心理培训中，我的生命就经历了寻找内在限制性信念的体验。

培训的初始阶段，我们似乎一点儿也寻找不到这五种核心限制性信念。但是，安静了几分钟后，在导师的引导下，我们回到了童年的许多感受上。这才发现，以上五种核心限制性信念多少都在我们的信念中停留着。无意之中，我们已经陷入这样的信念，但我们并不知道自己怎么了！

当我们完全放松下来，并且愿意敞开心灵，去接纳这些信念的时候，我们不仅能够寻找到这种感觉，而且能够迅速回到这种感觉当中，回到我们童年的生活情境里。

在大家一番激烈的讨论之后，我们发现，这些感受，确实存在于我们的核心信念中。也许是因为童年的成长，也许是因为青春期的被忽视，而这一切，都让我们重新看待我们今天的信念。

当我认真接纳自己的信念时，我选择了一对一的治疗方法，希望能够改变这一限制性信念。我告诉老师，被抛弃的感觉经常会扰乱我的情绪。我记不起什么时候曾经被抛弃过，留下来的仅仅是全托与被他人代养的情景。这种情景本身并不清晰，但是留下来的感受却如此强烈。于是，我与老师产生了一段对话：

"回想一下你被抛弃的感受，并把这种感受固定下来，然后请你反复描述被抛弃过程中的感受。你想想，这种感觉给你带来的积极心态是什么？"

我很自信地回答道："我必须坚强，我必须独立，只有这样，我才可以让自己在这个环境中适应并生存下来。"

"你是否获得了这种能力？"

"是的。当然也会有脆弱的时候。"

"你脆弱的时候最强烈的感受是什么？"

我认真地想了想："没有归属感，没有安全感。"

这个过程，让我一下子明白，这么多年来，我一直追寻的就是这种感受，非常渴望自己能归属一个人，就像重新归属母亲一样。但是有谁能够给我提供这种归属感呢？当童年没有获得安全感与归属感的满足时，就会有太多这样的情绪困扰着童年的我们。但是直到今天，我们才发现，如果我们学会将自己归属于自己，那么我们就不会再为缺失的归属感而难过了。

就是在这样不断的成长与探索中，我们逐渐学习着感受与发现生命，同时也渐渐靠近生命本身。在这样的变化中，我们开始从新的角度看孩子，体验与孩子生命连结的美妙！

七、在细腻的感受中体验生命的连结

下午，大部分孩子都被父母接走了。整理好教室，结束了一天的工作，玲老师有些疲惫，加上思念远方的恋人，她有些无力地趴在教室最后一排的课桌上，看着窗外渐落的夕阳，眼泪不觉流了出来。教室里还有三四个孩子，边画画边等待父母。玲老师安静地趴在课桌上，心想孩子不会留意到她。一会儿，肖肖轻轻走到她身边，绕了一圈，从后面抱住老师，并把小脑袋靠在老师背上。刹那间，玲老师感到有一种异样的感觉传遍全身，眼泪忍不住又流了出来。玲老师知道，孩子发现自己在伤心，并想安慰自己，给自己力量。过了一会儿，肖肖又绕到老师前面，轻轻地走开了。一会儿她又来了，轻轻地把两张面巾纸放在老师课桌上，又轻轻地离开了。玲老师拿起面巾纸擦掉了眼泪，这时她的心里盛满一份感动和温暖，感觉世界那么美好。这时玲老师听到肖肖在对其他小朋友说："玲老师都哭了，她可能想男朋友了。"

孩子就是这样生活在感受里，敏锐地感受着我们，同时也渴望我们能感受到他们，回应他们。孩子与父母之间尤其需要这样的心灵层面的生活，在这个过程中，孩子将不断和父母心心相连，在连结中一次又一次经历着生命，并从中找到归属感。

孩子的父母，你们是否也愿意放慢自己的节奏，静下心来，用心去感受孩子呢？

第一章 满足孩子的渴望，给孩子建立归属感

第二章

了解孩子的内在需求，给孩子一个安全的家

  一个有着美丽翅翼带着爱的使命的天使来到人间。他有一个情绪化的母亲，他所处的大家庭让他觉得变化莫测。他渴望保护，渴望安全，却总是被伤害，因而即使长大成人，他的内心也常常被恐惧所充满。

第一节　也许是我们的父母，也许是我们自己，也许是我们的孩子！

一、在宇宙之光中诞生

光，明亮而交织着，由白变蓝，由蓝变紫。白是那么清澈，蓝是那么深邃，紫是那样剔透。

爱，弥漫在整个空气里，散落在每一个角落，围绕着每一个人。

海，宁静而包容，一眼望不到边际，只有那一片湛蓝进入眼帘。

花园，安逸而祥和，花朵与绿树相互欣赏。

男人，被白色长袍包裹着健壮的身体，悠闲地躺在树下的摇床上。

女人，被如海水般的蓝缎包裹着柔软的肢体，优雅而宁静地编织着。

孩子，被光围绕着，一身洁白，让你永远想不到有黑。

……

与每一个天使降临人间之路一样，安经过一条光之路，进入自己选择的那个母体。十月生长之后，安出生了。

二、情绪化的母亲

很小的时候，安就养成了一个习惯：每天与小伙伴分手，回到家的时候,总是要先趴在窗户外,看看家里的情况。这对安很重要,他需要观察妈妈的情绪与家里的气氛。如果妈妈情绪好的话,那么家里一定是春暖花开,他就可以大摇大摆地放心进去,放肆一点儿也没关系;如果妈妈情绪不好,那么家里一定是冰天雪地,他得小心,最好是安安静静或偷偷地溜进家门,他甚至希望自己变成一只小昆虫,尽量被妈妈忽略不计,不然,就可能招惹来一顿劈头盖脸的指责。

安和姐姐、弟弟,跟着爸爸妈妈一起生活。妈妈是个能干的女人,情绪好的时候,她会做很多让人高兴的事:给他们做很多好吃的,让他们尽情吃;把屋里屋外收拾得干干净净;冬天把火盆烧得暖暖的,让他们在家里尽情玩闹;教他们唱好听的歌谣……但安一直搞不清楚,为什么妈妈的情绪会突然变差,那日子,对他们而言,就像寒冬腊月屋子里没有火盆一样难熬,这个时候,他连大气都不敢出。

安不明白,妈妈的情绪为什么一会儿热情似火,一会儿寒冷如冰,家里的天气为什么总是像六月的天气,说变就变。

虽然安不明白,但安却必须学会接受这个家庭的这个特征。妈妈是个胆小、依赖性强,但又要强的女人。妈妈的胆小和依赖性使她成了爸爸的附属品,而好强又让她憎恨自己这种附属的角色。当有什么事情发生或面临问题的时候,妈妈就如同孩子般迅速赖上爸爸,并用讨好的方式来获得爸爸的保护。可是一段时间后,妈妈又开始为之前的事情抱怨指责爸爸,发泄对这种附属角色的不满。当然,那一刻,妈妈会更加生气地痛骂几个孩子没有听她的话,显然,安和姐姐是替罪羊,因为妈妈很宠爱弟弟。

安不明白这其中的关系,他只是小心谨慎地避免妈妈的情绪发泄在自己身上,他甚至探索出了一个规律——

爸爸经常出差在外。通常爸爸回来的时候,家里更多地像春天一样温暖。但随着爸爸再次出门日子的临近,家里就由春天过渡到了冬天。先是妈妈唠唠叨叨，抱怨爸爸对家庭的照顾不够，终于这种指责超出了爸爸所能忍受的范围，然后爸爸就大发雷霆，有时甚至会摔坏家里的东西。

那个时候，安必须小心翼翼，因为如果一不小心做了不合适的事情，挨打就是必然的了。每当这个时候，安的心中就会无比恐惧与紧张。爸爸会弃门而走，妈妈会哭很久。

他不明白成人的这种变幻莫测，就像他的父母也不会明白这样的变幻莫测会给安的成长带来什么影响一样。

安只是清晰地感受到自己的感受：当自己的心靠近家人，并渴望与家人围成一圈的时候，所有的人都背对着圈毫无表情，冷漠与疏离让安无法待在这个圈中。可是当安的心远离家人，并蜷缩在角落的时候，他却仿佛看见所有的家人热情而快乐地手拉手呈现着圆满的圈。这时的安又会渴望立刻回到圈中，感受家人的温暖；而当安进入圈中时，看到的依旧是背对着圈且毫无表情的家人。

安不知道应该相信哪种感觉，好像这个世界很难有一块真正安全且温暖的地方。

三、变幻莫测的大家庭

安还有一个大家庭，除了爸爸妈妈、姐姐弟弟，还有妈妈的父母和爸爸的父母。爸爸妈妈一段时间要照顾姥爷姥姥，一段时间又要和爷爷奶奶生活在一起。

爸爸是个威严而又不失温和并且很有能力的人。爸爸平时大多忙于工作，很少有时间在家。每次爸爸回家，安都远远地站着，用欣赏和崇拜的目光望着爸爸。他是那么伟岸，在安的心中，仿佛有万丈光芒从爸爸身上发出。

爸爸喜欢姐姐，正如妈妈宠爱弟弟一样，这是安很小就感受到的。虽然他们总是说，一碗水要端平，在孩子们发生冲突后，也表现出有理没理各打三十大板的"公正",但安依旧能够用他敏感的心捕捉到真相。

"这孩子怎么回事,总是这么扭捏,一点儿都不像我!"爸爸这样评价安。

其实爸爸并不知道,安也希望可以肆无忌惮地接受父母阳光灿烂的爱,他总是幻想着爸爸将自己抱起,让自己高高地骑在他的脖子上,并昂起头向弟弟示威。但这只是安美好的幻想,他从不会主动跑到爸爸身边,将自己的渴望表达给爸爸。他已经习惯于先小心地观察,因为他不知道他扑向父母后,迎接他的是冰还是火!

通常,当爸爸回来的时候,安会默默地站在一边,直到爸爸和家里每个人打过招呼后发现安,并叫安过去的时候,安才会慢慢走近他。有时候,爸爸会将安高高抱起。看着爸爸温和的脸,即使内心很喜悦,安也会紧张得全身发硬。所以,多年之后,安都有一个毛病——在高兴和愉快的场合下,会无意识地紧张和局促不安。

姥姥温和、软弱、善良,姥爷虽然有点柔弱但很有才华。他们有很多孩子,在安的眼中,他的这些舅舅们,都不像爸爸一样伟岸,而是像妈妈一样柔弱。所以,爸爸也是这个家中的顶梁柱。

和奶奶生活在一起的时候,安需要更加小心。奶奶严厉、蛮横、冷漠,她似乎并不喜欢安的妈妈,时常训斥她,而且对安也不友好,时常会骂他:"你就和你妈一样让人讨厌!"但安并不知道她讨厌自己的原因,只是这句话深深地刻在了他的心里。安对奶奶没有任何好感,他讨厌那张冷漠又高高在上的可恶的脸。爷爷倒是一位温和、善良、宽容的老人,他对安和家人都很好。

姐姐很善良,也像爸爸一样能干,总是会获得爸爸的称赞,这让安羡慕不已。其实,安也想向姐姐学习,变得能干而开朗,但每次下定决心的时候,心里总有一个声音响起:"你不行,做不好了怎么办?爸妈会生气的,别人也一定会耻笑你的。"安会犹豫、担心,最后放弃。安时常经历担忧、恐惧,最后放弃的心路历程。

在安的心中，弟弟很冷漠，但不知为什么却拥有良好的人际关系，并且可以不负责任。安在弟弟面前会感到自己不好，但又觉得弟弟似乎也有问题。妈妈对弟弟很纵容，同样做错事情，如果是安，就会受罚，但如果是弟弟，就很有可能幸免，除非被爸爸发现。

每次爸爸回来，弟弟的苦日子就来临了，他唯一的办法就是尽量躲在妈妈和奶奶的身边。就算是这样，他也没少挨打。看着爸爸打弟弟，安都会进入到一种无形的恐惧中。他同情弟弟，但更重要的是，他担心自己有一天也会遭受像弟弟这样的待遇。所以，安更习惯于躲在不易被发现的角落，让自己从这个家隐形。

生活就这样继续着。对于成人而言，他们并不觉得有什么异样，因为他们见多了别的家庭似乎也是这样一台情景剧，只是剧情稍有些许不同而已。

他们完全不知道，这样的剧情，这样的风云变幻，给安的成长，会带来怎样的伤害。

所有的家庭成员，都让安有种变幻无常的感觉。他渴望有人能保护自己，但又无人可以信赖。所以，他很早就学会了察言观色，逃避冲突，并且时刻保持警惕。他不明白，为什么这个世界如此不安全，为什么成人的情绪总是无常地变化着……

恐慌，在内心时刻被不安全感充斥着，安就这样慢慢长大了。一直长大到成年，那种不安全的感觉时常袭来，有时似乎是莫名的、没有理由的。

从天国带来的那对美丽的羽翼，早已被这些变幻无常的狂风暴雨，摧折得七零八落。

他努力让自己表面看上去很安静，但他知道自己内心的恐惧。这种感觉时常让他死死地守着过去的一切，无论多么痛苦，他都无法面对和改变。

但有一点他深深明白，他一定不要让自己的孩子再像自己一样生活。他并不知道怎样才能做到这一点，但他的信念决不改变。

第二节　连结滋养心灵的能量

在我们寻找内在生命的过程中，面对我们的缺失和匮乏，就如面对一个个黑洞。若想填满这些黑洞，我们需要内在的能量来支持我们完成这个重新成长的历程。那么，怎样获得我们所需要的内在能量呢？我们在获得生命的同时，也获得了滋养生命的源泉。只要我们能够发现其中的美，并且让自己的内心真正和它们产生连结，那么适合你的养分就会悄悄地流入你生命的血管里。

一、与音乐连结，滋养身心

我第一次感到音乐与成长的关系，是在对一个孩子的观察中。那是很久以前，我在给孩子们上名曲欣赏课。孩子们通常在音乐的伴奏中，面对镜子，自由而随意地舞动着自己，反复欣赏着同一首曲子。课程结束后，一个不到三岁的孩子没有离开。他告诉我："老师，我还要听。"看着他那坚定而渴求的眼神，我将他和音乐磁带一起带回了办公室。

我至今还清晰地记得，那是一首大家非常熟悉的曲子——贝多芬的《欢乐颂》，其表现形式为交响乐伴奏的大合唱。孩子坐在我的办公桌上，带着大耳机（我将声音调到合适的音量），安静地听这首曲子。我悄悄地观察孩子。那一刻，孩子的眼里充满了灵性，专注而宁静的脸庞充满了爱意，仿佛生命就畅游在音乐深处。表情恬美而纯净，一个纯粹的精神体就这样展现在我的眼前。感受着孩子的状态，我能做的就是一遍一遍地反复倒带。直至许多遍之后，孩子满足地告诉我，他不听了，然后充满喜悦地离开了办公室。那之前，我只知道反复是孩子的智力体操。但那天，我深深地明白，孩子在用音乐滋养自己内在的那个充满灵性的自己。

众多的教育理论都提出：音乐是人与生俱来的能力。换句话说，它就是生命的一部分。当我们生命的脉搏第一次跳动的时候，美妙的音律就在身体内为我们的生命伴奏。呼吸和血液也就如同生命的旋律，开始在我们的身体内流淌。由此可见，音乐对生命的滋养是从生命降临时就开始的。

从通俗音乐到古典音乐，从中国民乐到西洋音乐，只要你愿意用生命与它们相融，那么音乐有多婉转曼妙，生命就有多婉转曼妙！

二、与肢体连结，调养身心

藏文化中有这样一句话："你会说话就会唱歌，你会走路就会跳舞。"

人类的肢体作为承载生命的工具，每时每刻都真实地反映着每个人的内心世界。这种反应通常是一种无意识的状态，例如，内心恐惧的时候，身体会不由自主地收缩；内心快乐的时候，身体就会逐渐放松；长时间处在愉悦中，身体看上去就会很舒展。这种表现在儿童时期更为明显，因为孩子的生命更为敏感、更具灵性。

所以，通过肢体来表达内在的感受，这种能量就会深深地储藏在生命中。如今流行的瑜伽、现代舞等，都是强化肢体与心灵的关系，乃至通过肢体和呼吸，寻找灵性的生命。在瑜伽哲学中，人的修为和净化可以分为五个层面：

第一层是通过体式训练，让我们的肢体变得柔软、放松与协调。

第二层是通过呼吸练习，让内在的气血达到通畅。

当呼吸通畅、气息流动的时候，内在的智慧就会出现。这是净化的第三层。

随之，内在的真我逐渐出现，并慢慢成熟。

最后，生命的真谛并不是停留在真我上，而是随着生命的成熟，融入天与地，融入宇宙之间。我想，这就是生命中所潜藏的佛性之爱。

而舞蹈也有同样的功用。美国"现代舞"的先驱伊莎朵拉·邓肯（Isadora Duncan），更是将舞蹈看作表达灵魂、洗涤心灵的一生的活动。

邓肯的舞蹈基本来自于即兴表演，并且通常表现的是人类精神的制高点。她用舞蹈寻找着古希腊时期人们的精神生命和艺术审美。很多时候，她独自一人静静地站在工作室，好几个小时一动不动。这只是为了等候那时有闪现的灵感，然后用肢体动作去表达生命中的那份神性。在此期间，她认为心灵会得到升华，并可以随着心灵来表现生命的神圣。所以，当有人问她是谁教给她跳舞的时候，她在回忆录中这样写道："是舞蹈之神教我的。我能够站立时就会跳舞了。我一生都在跳舞。全世界的所有人都应该跳舞。过去如此，将来也会是这样。有些人试图阻止，他们不想去了解，大自然赐给我们这种自然需求，这是无法改变的事实。"并且她谈道："在上台表演之前，我必须在灵魂深处凝聚一股力量，当我有了那股力量，我的手、脚和整个身体便会自然舞动，不受我的意志所控制。如果没有足够的时间在内心凝聚这股力量，我是无法上台表演的。"

其实，无论我们做什么事情，如果想达到某种境界，都需要与我们生命内在的那股能量结合在一起。在音乐的伴随下，我们静静地冥想，让呼吸随着舒缓的节奏流淌起来。然后，随着内心的感受，身体自发地舞动起来。那一刻，没有别人的评判，没有自己的否定，没有好与不好，没有可以与不可以，有的只是用自然、流动、真实的肢体去连结音乐，并让这一切与自己的灵魂浑然连成一体。生命就此进入灵性之光中。

三、与冥想连结，净化身心

在蒙特梭利教育中，孩子们每天早晨进教室的第一件事情，就是盘腿静坐。我们的机构从开办以来，这个活动在各园各班也一直坚持至今。

吃过早饭后，孩子们陆陆续续、自发地进入教室。主持当天主题课的老师，早已安静地坐在教室地板的特定位置上，双腿盘坐，双手轻放在双膝上，全身放松，双目充满爱意地看着孩子们，并等待孩子们自发地与自己一样坐下来。等孩子来得差不多的时候，老师就将眼睛闭上，孩子们也像老师一样，安静地闭上眼。有时候，老师会打开一段宁静而空灵的音乐，让音乐陪伴孩子们走进各自宁静的内心。有时候，老师也会轻声地说一些引导语：

"让我们的双手安静下来，让我们的全身安静下来，让我们的心安静下来……"

"让我们所有的人一起来感受教室的安静，我们能在安静中听到怎样的声音呢？"

"让我们带着这样的安静，开始一天的工作！"

……

这就是孩子们最初的冥想。只要我们愿意碰触内心的宁静，只要我们愿意聆听内心的声音，冥想就在我们每天的生活中。在所有心理和宗教的学习中，冥想都是不可缺少的部分。《萨提亚冥想》一书便汇集了萨提亚女士在每个治疗工作的开始所做的冥想的精髓。那温暖、充满爱和启示的语言，就像泉水一样轻轻流淌进每一个人的心田，帮助我们寻找内在遗忘了很多年的生命之爱！

四、与自然连结，敞开身心

我依恋自然的美。宇宙的力量令人惊叹，它将自然界中的美赋予了人类，无须言语，无须物质的交换。只要你愿意，它就会静静地等待着你与它的连结。这样的连结会让我们身心通透。

十年前，我们在教学中启用了一套英国的户外教科书《与孩子共享自然》。这本书中，作者用大量的活动让孩子们充分体验自然所赋予人类的美和力量。我们在具体实施的过程中发现，孩子们在自然中身体的通畅度远远高于在教室里。例如，每次外出活动的时候，平时不愿意在幼儿园大便的孩子，都会在自然中通畅地释放自己的身心。这样的活动多了，孩子们与自然的关系就逐渐深厚起来。孩子们能够听到树的"心跳"声；能够在草地上尽情打滚儿，放松自己的身体；能够和花草说话，并发现，爱它们的话它们就会长得快。这样的课程很快被引入家长活动中，每次组织家长和孩子一起走进自然，体验大自然的活动时，都会看到每个人在自然中所绽放的愉悦和兴奋。这种情绪通常可以持续很长一段时间。

大自然拥有的灵性与人的灵性生命是相通的。当我们全身心地投入自然，它不仅给你所需要的能量，而且它还是一个很好的"倾听者"。你可以认真地去触摸一棵树，试着与它产生连结，对它表达你内心的感受，你会发现，那种亲密感会越来越强烈。也许在瞬间，大自然就会赋予你人生的启示。

正如西藏山水中所具有的灵性力量。巴松措（又名错高湖）的湖水，碧绿而清澈，宁静而深邃，它怀抱着一个小岛就如同母亲怀抱着孩子，给岛上的居民无限的爱的滋养；羊卓雍措（简称羊湖）的湖面，清澈晶莹，平静无澜，在视野里无尽铺开，让大量过冬的鸟类拥有栖息的家园。当我们能够懂得自然所给予我们的厚爱，我们也就逐渐拥有了自然所有的爱和包容。

第三节 对孩子说:"世界是安全的!"

一、你有安全感吗

朋友家的卧室里放了一个大大的单人沙发,柔软的面料加上简洁的设计,让人油然而生一种舒适的感觉,一看上去就想把自己整个身体放进去。在一个整体设计严谨的房间内,这个沙发显然是让主人完全放松的地方。能够完全放松的地方,一定有安全感。

每一个人都在努力为自己寻找或者创造一个具有安全感的地方,而儿童的安全感却恰恰来自于父母。从生存到身体再到心理,每一个部分的安全感都与自己的父母紧密连结。

那么,我们时常身处其中的环境又是怎样的呢?

当困在自己的情绪里不自知,愤怒、沮丧、紧张的时候,情绪不仅袭击我们而且控制了我们;面对工作和生活的压力,我们内心深处隐隐涌动着不安;面对孩子,我们有时把他捧在手心都怕化了,有时却不能自控地对孩子大发雷霆……这就是我们的生命状态,我们的现实生活。

我们不知道的是,我们的孩子生活在这种家庭环境中,在经受着怎样的心理变化。孩子完全不能知晓成人的世界是怎样的,孩子只是在感受着忽冷忽热、变幻不定的家庭心理气候。而这样的感受,使孩子得出一个结论：生活是不稳定的、不踏实的、不安全的。于是，一颗缺失安全感的种子，就这样埋在孩子的内心深处，并伴随他一生。

并不是说我们做错了什么，而是我们还未觉察；不是我们不爱孩子，而是我们还不知道孩子需要什么样的爱；不是我们不想给孩子营造一个充满安全的环境，而是我们自己的内心还未安定、安全。

二、孩子，家庭让你拥有安全感吗

前几天，一位妈妈找我做咨询。她的第一个问题是："不知道我的孩子怎么了，最近一段时间总是紧紧地黏着我，一刻都不让离开。我一说要出门，孩子就使劲地抓住我。甚至我一换衣服，孩子马上就跟上来，担心我出去。可我陪伴他的时间真的不少呀！"

这位妈妈焦躁不安，我问："最近，你的生活怎么了？"

妈妈愣了一下，泪水在眼眶中打转："我老觉得我的婚姻要出问题了。

最近，孩子他爸回家的时间越来越少，总是有各种应酬、各种事务，我觉得是他在找借口。刚结婚的时候，我们不是这样的。那时候我们很相爱，经常在一起。他像父亲一样地照顾我、呵护我；同时，他又是一位体贴的丈夫，很了解我、关心我。我也特别爱他，细心地照顾他的生活，帮他打理好生活的方方面面。

那时候我们多好呀！但现在，只要他一出门，我心里就空落落的，有些发慌。老想着不知道他又去做什么了。有时候甚至特别冲动，想跟着他，一步也不离开他。"

……

听完一番倾诉之后，我反问她："孩子黏你的状态，是不是很像你黏你爱人的状态？"

其实，孩子能够清晰感受到妈妈的状态。当妈妈内心忐忑不安时，孩子内心也会产生强烈的不安。妈妈是照顾他生活最重要的人，这个人如果是不安的、慌乱的，孩子就会担心生活失去保护。面对这样的不安，孩子唯一的选择就是更紧地抓住妈妈。于是，就出现这位妈妈所说的孩子的状态。

"但我这样做也是为了孩子呀，我根本不能想象家里没有他爸爸会是怎样的。孩子需要一个完整的家，我自己就是在一个单亲家庭长大的。我刚一出生就没了父亲，一个人跟着我妈生活。我妈是那种相对冷漠的人，我们家的生活平淡、有序，但真的有些冷。你能想象，我对父亲怀着多么大的渴望，我太需要一个父亲了，我也绝不能让我的孩子没了父亲。

刚和我爱人恋爱那会儿，我觉得他特别符合我心目中父亲的形象，虽然有些沉默，但非常体贴、温和，并且无微不至地照顾我。那时我是幸福的，我觉得这个男人就是属于我的，永远都是我的。结婚后，他的事业做得越来越大，工作越来越忙，总是有各种事情而不能待在家里。而我为了照顾孩子，工作做得越来越少。我真的不能不担心，担心他会离开我和孩子。"

这位妈妈哪里知道，她越是这样强烈地渴望有一个完整的家，越是这样强烈地想把丈夫抓在手里，孩子也越会感受到家庭的不安全，越会紧紧地黏住她。更重要的是，孩子将会像她一样缺乏内心的安全感，会像她一样带着内心的不安，去面对未来的爱情、婚姻和他的孩子。相同的生命模式就会这样一代一代地延续。

咨询之后，这位妈妈选择走向自我的心理独立之路。我知道，这条路不容易，但孩子会给每一位母亲最大的动力。

不妨想想我们自己，我们谁又不是这样呢？只不过形式、程度不同罢了。我们悄然不知地把童年未满足的渴望全部压在了自己最爱的人身上，要求他像父亲母亲对待婴儿一样，任由我们霸占和支配，要求他不仅要事业有成，还要能够细心体察和照顾我们的情绪和感受。但现实是，他的内心也如我们一样，是个未长大的孩子。

于是越想占有，对方越是逃离。

当我们把所有的希望都寄托在自己之外的人和事上时，无论怎样也无法弥补那种与母亲之间曾经的安全感和一体化的缺失。为自己，为孩子，我们需要寻找。

三、为人父母，你的内在是否安全

几年前，在一个偶然的机会，我曾经和一个企业家先生谈到安全感的问题。

我问他："你在这个社会中，内心深处有安全感吗？"

他回答我说："有时候会没有，比如说，交通啊，抢劫啊，等等。"

我接着问他："那对自己的内心呢？"

他似乎有些茫然地看着我，然后说："哦，是自己吗？安全感？"

显然，他对自己心理上的安全感并不是很清楚。

可能许多人都是这样，不曾意识到内心的安全感为何物，但这并不意味着它不影响我们。

今天，安全感已经成为一部分人的基本话题，大家都会谈到，自己内心深处是否建构了安全感。

有一天，我坐在一辆巴士上，感觉椅子靠背似乎有一些松动。当我全身放松靠上去的时候，靠背就会慢慢向后压下去，给后座的人造成压迫感，后座的人自然会向后倾斜身体，躲避压迫。我道声抱歉迅速将椅背调好。但当我再次将劳累了一天的身体靠上去的时候，椅背又开始慢慢地向后压。这个过程，既让我感到尴尬，又让我疲倦的身体更加困顿。

我们的人生不就是如此吗？身心疲惫的时候，我们多想有一个坚实的靠背，让自己在静静的倚靠中得到喘息。当工作中遇到麻烦，不断遭受上司、客户苛责，当生活中不顺心的事情接二连三地发生，当某个意外事件突然降临……我们被搞得疲惫不堪、心神不宁。这个时候，我们内心多么渴望有个安全、坚实的肩膀可以让我们倚靠，踏踏实实、彻底放松地倚靠着，不求回报，没有条件，只有对我们的爱、接纳、理解和宽容。

你有这样的体验吗？有这样可以依靠的肩膀吗？大多的现实是：身心疲惫的我们环顾四周，却找不到一个可以彻底依靠的人。父母、同事、朋友、同学、爱人、孩子……这些人中，有的我们知道不可以去靠；有的我们尝试着去靠，对方却向后躲避了；有的我们认为本应该可以靠，对方给予的却是责备和抱怨。我们疲惫的肩膀空悬着，无助、无奈、恐惧、不安、紧张的情绪向我们内心袭来……那么今天，你是否想过，用自己的生命力来建构人生的安全？

四、重建内在

看到这里，你可能会头痛、头晕、全身以及内在感到不适，这一切都是正常的。探索心灵成长的过程，正如清洗一件华贵的礼服一样，整个过程并不轻松。我无法教给你清洗的每个步骤与技巧，因为心灵的洗刷不仅仅依靠技术，而是当你真正愿意为自己做一些事情的时候，就自然而然地涌流出那些独特的体验与感悟，这会使你在成长的道路上真正自由飞奔。当然，想做到这一点，我们首先要相信自己，相信自己生命中绝对拥有这样的潜能，能够完成身心的自愈。其中也包括你将你的安全感建构在自己的生命中，而不是依靠他人。即使你此刻还没有任何体验也不要紧，请给自己充足的等待时间，让自己的生命从未知走向已知。

想要做到这些，你需要牢牢地记住——你是你生命的专家，并且为自己承诺：

1. 学会重视自己的身心，并关注它们。

之所以我们失去了安全感，是因为我们从小失去了被重视和被关注。

重视：在父母的眼中，能够真正看到自己的孩子，是原本的你，不是他们期待中的你，不是比较中的你，不是物化的你。

关注：父母尊重孩子的选择、价值取向和意见；尊重孩子正当的言行（可以不喜欢，但需要尊重）；欣赏并认同孩子。

如果你在父母那里并没有获得这些，那么，我奉劝你：不要再到处寻找，或者期待父母有一天会改变，或者期待伴侣给予自己补偿，或者期待自己拼命工作后能从老板那里或社会中获得。因为，真正能够给予自己的，只能是自己。

所以，从现在开始，你要学习重视自己，关注自己。这与我们以往所说"现在的孩子太自我，也太自私"的意义完全不同。前者，是要让我们开始学习自己做自己的父母，将我们曾经失去的体验，通过自我觉醒，慢慢寻找回来；而后者却是孩子在成长的过程中，由于被压抑或缺少精神引导而产生的叛逆心理与精神匮乏的表现。

那么，何为关注自己？例如：当你的身体向你发出不舒服的信息时，你需要重视并关注它；当你情绪不好的时候，你不要再无意识地压抑，而是要懂得释放与流淌；当有人向你提出不合理要求的时候，你不再做心里不爽而嘴上却答应的快速反应，而是开始尝试真实表达自己的思想，并友善地拒绝。

从大脑接受到心理上体验再到行为上的熟知，这个过程实在不易，但只要我们愿意为自己承诺，美好的结果就会出现。

2. 思考。

你的内心是独立的，还是有所依赖？

这是一个需要思考的问题。我这里所说的独立，不是指在寄宿学校里培养出来的独立生活能力，而是指你是否拥有心理和思想上的独立。

曾经，我独自一人走在去西藏的路上。期间，我看完了克里希那穆提的《人生中不可不想的事》①。其中一段对自由的阐述，让我开始真正触摸到自己的安全感。书中这样写道：

自由并不仅止于做你喜欢的事情，或是从外界的束缚中挣脱出来，而是先要了解什么是依赖。依赖你的老师、厨师、邮差、送牛奶的人，这种依赖很容易理解。但是，有一种更深的依赖必须要认识清楚，才能获得自由。那就是，你总是依赖着别人给你的快乐。你明白依赖别人得到快乐是什么意思吗？这不是外在肉体的依靠，而是内心的、心理上的依赖，从其中，你获得所谓的快乐。一旦你这样依赖着别人，你就变成了奴隶。

如果你长大以后，在情感上依赖你的父母、妻子或丈夫，依赖你的灵性上师或某种理想，这就是束缚的开始。

那么，我们为何要寻求这样的内在独立呢？克里希那穆提曾说："你这一生唯一能做的一件事情就是成为你自己！"如何成为自己？在探讨这个问题之前，让我们先看看我们是如何未能成为自己的。

在我们接受教育的时候，没有人告诉我们："这一生你就是你。"我们总是听到："你要成为一个好儿子、好学生、好公民、好……"但就是没有听到："你要成为你自己。"一个一生都活在父母和社会期待中的躯体，一个永远都不知道自己是谁的人，如何体验到安全感就在自己的生命中呢？

作为今天的新父母，首先要透过成长看到自己内在的缺失，然后透过成长让自己的内心渐渐长大，然后再用成长中的生命状态帮助孩子建构安全感。

从孩子在母体中开始，妈妈的喜悦与宁静让孩子拥有了安全感；

出生之后，父母的和谐关系创造了家庭的和谐氛围，让孩子拥有了安全感；

---

① 克里希那穆提的《人生中不可不想的事》，群言出版社，2004年11月版

上了幼儿园，老师的友善与爱心，环境的安全与自由，让孩子拥有了安全感；

上了小学、中学，老师的接纳与尊重，父母的理解与引领，让孩子有了安全感；

带着这些真实的体验，一种安全感悄然在自己的体内发芽成长，直到自己进入社会，一个渐渐成熟的生命就开始明白，真正的安全感就在自己的体内，无须从别人那里获得，自己就是自己生活的创造者。

你开始渐渐领悟到"你是谁"、"你生命的意义何在"、"你人生的使命是什么"，从思考到经验这一切的时候，那种生命的安全感就会与你不可分割。

第三章

放下你的期待,学会认同你的孩子!

一个有着美丽翅翼带着爱的使命的天使来到人间。只因他的身体特征不同于其他孩子,他的生命中便经历了太多的评判与苛责,来自别人,也来自亲人。传统的教育方式使我们每个人都在被评判和被比较中长大,也使我们失去了自己独特的天赋和那个独一无二的自己。人们不知道的是,存在本身就是价值。

第一节　也许是我们的父母，也许是我们自己，也许是我们的孩子！

一、在宇宙之光中诞生

光，明亮而交织着，由白变蓝，由蓝变紫。白是那么清澈，蓝是那么深邃，紫是那样剔透。

爱，弥漫在整个空气里，散落在每一个角落，围绕着每一个人。

海，宁静而包容，一眼望不到边际，只有那一片湛蓝进入眼帘。

花园，安逸而祥和，花朵与绿树相互欣赏。

男人，被白色长袍包裹着健壮的身体，悠闲地躺在树下的摇床上。

女人，被如海水般的蓝缎包裹着柔软的肢体，优雅而宁静地编织着。

孩子，被光围绕着，一身洁白，让你永远想不到有黑。

无论男人、女人，还是孩子，他们都有一对可以自由飞翔的羽翼。

……

和每一个天使降临人间之路一样，同经过一条光之路，进入自己选择的那个母体。十月生长之后，同出生了。

二、生命的吸收性与被评判

生命之初，妙不可言！这个婴儿的诞生，让他的生命处在一种完全开放且完全吸收之中，如同一块新鲜的海绵。周围的一切人与事、人与物的信息，他无时无刻不在透过能量吸收着。当然他并不知道自己在做什么，但生命潜意识的发展使这个小生命如此。但在这个成人主宰的世界中，很多人并不知道每个小生命的特质。于是，头脑的产物——评判，也随之进入了孩子的生命中。

对成人来说，评判一个人一件事并不是什么大不了的事儿，但是这些评判的能量却悄然流进了这个随时吸收环境的小生命，并成为这个生命中的一颗种子，一种信念，一个束缚生命的规条，它使生命之花无法绽放！

成长中第一个致命的评判，来自于同的身体。

不知是同从天堂来的时候太着急，还是在光的隧道里待得太久，同的身体特征看上去与其他孩子多少有些不同。好似可爱的外星孩子来到地球，但却绝不符合地球人的审美标准。只有那双幽蓝而深邃的眼睛给同留下了尚可发展的余地。

在成人的世界里，看得见的现状才是重要的。他们很难以积极乐观的态度，看到孩子内在可供发展的潜质。所以，父母认为，在一个充满竞争和多变的时代里，一个孩子假如失掉了正常或出色的相貌，那么就意味着首先失掉了半壁江山。剩下的就是加倍学习、加倍努力，从而取得生存的机会。

在这样的理论基调之下，表达这个主旋律的语言，伴随了同整个童年与少年，而有些似乎还打着"爱"的旗帜。

"孩子，你的相貌不出众，所以要好好学习，否则长大可怎么办呀！"

"同妈妈，你家这孩子好像有点问题，你带他到医院瞧瞧吧！"

"这位同志，你的孩子有问题，很有可能会影响生理和智力的。"

"他长得好怪啊，我们的孩子不和他玩儿！"
……

刚开始的时候，同并不在乎这些说法，因为他清晰地知道，他的天使之翼，拥有丰富的资源，并且，这些资源支持自己在成长的历程中，经历一次次的蜕变，最终使自己成为一个独一无二的个体。

但让同没有想到也无法接受的是，父母以及亲人也对自己有和别人一样的评判甚至嘲讽。

"儿子，你长成这样真给我丢脸。"爸爸不痛快的时候会这么说。即使在与妈妈的争吵中，也不忘以此来攻击妈妈："当初不让你要他，可你非要，你看他如今这样，长大了怎么办！"可同并不觉得自己愚笨，更不理解外貌与愚笨有什么必然的联系。

妈妈伤心的时候，也会说："你怎么就不给妈妈争气呀！"

"不要跟着我，我不想带着你。"哥哥的内心也有压力。

父母和亲人会不自觉地以整个社会认为"正确"的标准来评判同。因为在这个世界上，似乎所有的人，都在用评判来衡量彼此。

众口铄金，积毁销骨。成人们并不知道，他们的眼光与评判，把多少本来才华横溢、本来魅力独特的孩子扼杀在摇篮中。同也不例外，原本坚定的信念开始动摇：或许我真的不好？"自己不够好"的内心感觉开始蔓延，将从天国带来的信念慢慢遮盖。

同开始留意其他孩子的相貌和身体特征。看到那种很符合成人标准的漂亮孩子，同多少有些羡慕之意，并开始久久地想象着自己如果是这样，那该有多好啊！

看到和自己状况相似的孩子时，同通常有两个表现：在有旁人的情况下，他会选择快速离开，因为他不想一起承受那种异样的眼光和尖刻的评价；在没有旁人的情况下，他会走上前去，用同情与爱心去温暖他。

当然，评判并不仅仅发生在同的身上。

哥哥不小心做错了事情，爸爸就会给出评判——他是一个没出息、毛病多的孩子。

邻居小毛的妈妈，正在大声地训斥小毛："你怎么就这么笨呀，为什么不是第一名而是第二名呢？"小毛小心解释道："我也不知为什么呀，可能是有点粗心吧。"可新一轮的评判又开始了："你就是个粗心大王，你什么时候细心过，考不上好学校就扫垃圾去吧……"

在这个世界里，评判似乎适用于所有的孩子，当然也适用于成人之间，大家习以为常，就像是评判一只宠物狗的成色，他们当然不会去理会这只宠物狗的感受。

上学了，同很惊讶地发现，原来真正专业的"评估师"是学校的老师们。评判的语言就是老师们的常规武器。

"瞧你这五音不全的嗓子，音乐课对你来说简直就是浪费。"

"就你这么胖还要跳舞，哪儿都不协调，行吗？"

"我这可都是为你好，就你这成绩，别说重点，就是考普通学校也难。"

"你爸妈怎么就生了你这么个笨孩子。"

多少年后，老师们的这些"专业术语"都还深深地刻在同的心头，估计也刻在了每一个孩子的心头，像座右铭，又像墓志铭。而老师们，还在日复一日地对着一茬又一茬的孩子，刻画着同样的"座右铭"，抑或是"墓志铭"。

很多时候，同不喜欢与人打招呼，因为他讨厌别人用异样的眼光或同情的眼光看自己。当然，更重要的是，他喜欢通过观察慢慢熟悉这个人之后，用眼睛与对方连结，这就是他认为的最好的礼貌方式。同时，同觉得真正的礼貌是尊重别人的一切，而不是仅用"老师好"来表达。

但老师们却以这样的标准，来评判同以及其他同学："这孩子怎么这么没礼貌，不懂得叫人！"那一刻，同觉得最没礼貌的是老师以及那些不懂孩子但又肆意评价孩子的人，当然，他不能说出来。

班里的一位同学写给另一位异性同学的诗被老师发现，老师公开宣读了那首诗。在同的眼中，这首诗真实而美好地表达着同龄人对爱的感受，但却得到老师的羞辱："你以为你是个诗人，你这么早就不学好，就学成这样，谈恋爱，我看你是没救了！"

震惊、恐惧、无言……

同走过了少年时代，即使他的成绩犹如妈妈的忠告一样，十分优秀，但他依旧不够自信。

三、生命的吸收性与被比较

顺从父母的期待，为了弥补自己欠缺的外在形象，同总是拿到最好的成绩。对于学习，同有不同凡响的天赋，学习本身是轻松和愉悦的，而且同也会始终保持努力学习的状态。因为对于妈妈来说，不但要有好成绩，而且要有好态度，不然，妈妈会唠叨："没有最好，只有更好！你还不够努力，不然会更好！"

而同的好成绩，却又成了哥哥的噩梦。

哥哥与同不同，他拥有健壮而高大的身体，英俊而有棱角的脸庞，这使得哥哥从小就喜欢体育。同原本以为，像哥哥这样相貌堂堂，爸妈应该知足，不再担忧什么。但看起来，事实并非如此。

"长得好管什么用，学习不好以后拾大粪去！你的脑子难道就被狗吃了？"而同的好成绩，正好成了父母教训哥哥的有力佐证："同样是父母生的，为什么弟弟的成绩那么好，你却这么差！你什么时候能像同一样，考个好成绩回来呀！"

每每这个时候，同心中多少有些得意，但也很疑惑，自己长得不好，被爸妈批判，为什么长得健康、好看的哥哥，也会是这样的结果呢？

成人们不知道，对于孩子来说，每个人都拥有自己独特的天赋和内在资源，每个人都可以成为独一无二最好的自己。只是大多数时候，传统的教育方式，都成了孩子成为自己的障碍。

四、人生是角色

"你不是你,因为你的存在需要依赖于别人的评判和比较。"成人的世界,就是一个亦真亦幻的舞台,每个人都丢掉了真正的自己,穿上戏服进入了舞台角色。同已经熟悉了这一切,也学会了这一切。同获得了成绩、掌声、荣誉……但这些依旧不能让他感受到那份内在的自信与从容。直到有一天,一部影片中的一句台词深深触动了同的心:"如果说世界是一部大机器,那么每个生命就是其中的一个零件。而每个零件的存在自有他的价值。"

这句话如同警钟敲响了同的心。是的,只要你存在,你就有你存在的价值。即使没有鲜花、掌声、荣誉,存在本身就是价值。

紧接着,同听到了一个孩子的自我分享:

"我是一个快乐、善良、诚实的孩子。当我做错事情的时候,我勇于面对,并且,我知道要对自己负责任。同时,我欣赏妈妈温柔的语调和精湛的厨艺,她让我的家有温暖、有香味儿。我还欣赏嘉嘉同学的创造力和幽默感,他让我们看到了很多新东西,让我们班时常充满了欢笑。"

……

这是一份多么一致性的表达。在儿时,这曾经是自己一直的梦想呀!梦想整个世界的语言,只有积极和健康;梦想没有评判,没有比较;梦想只有开放的心灵,只有接纳和尊重……

穿插在不同角色中的时候,也许需要留些时间去觉知生命中那份纯粹的存在感!

第二节　做自己的生命专家

一、学会等待

我们处在一个快节奏的社会，一切看效率，看结果。人的价值在提高效率和创造结果中得以彰显。处在这种快节奏的旋涡中，我们总是在往前赶。我们不愿停留，甚至不舍得或者没有机会歇息。我们不断给自己设定下一个目标，然后渴望目标在最短的时间内得以实现。

无意识之间，我们把应对外在世界的这种模式，也搬到了应对生命的成长上，不论对孩子，还是对自己。

我们恨不得孩子三岁的时候，就已经掌握了十岁才应该拥有的知识。孩子成长中的任何一个现象、问题都可能引发我们的焦虑和不安：这个问题怎么还没有过去，孩子好的成长状态怎么还不出现？

当我们自己走在生命成长路上的时候，我们同样不愿等待。我们渴望自己一下子能达到一个设想的状态，甚至想象在那样一种状态下生活将是怎样的美好。成长过程中一个平静的阶段、一个灰暗的过程，都可能会引起我们内在的躁动，我怎么还是没有成长到理想的状态？

你是否意识到，这是头脑的声音？

渴望孩子的快速成长，背后是渴望孩子出人头地的期待，而不是关怀这个生命本身。渴望生命状态的快速改变，背后仍然是为了应对外部世界，而不是关注生命本身。这样一来，我们已经悄然把"生命成长"当成了应对外部世界的工具。

于是，我们依旧会用头脑应对外部世界的方式来对待生命的成长。从头脑层面，我们不愿等待，总奢望"果"的即刻出现。而实际上，我们又总是把自己的注意力放在焦急的等待上，而不接纳当下的状态。我们不愿接纳当下自己的状态，不愿接纳自己当下所面临的问题。

等待是思维的一种状态。基本上，它意味着你需要未来，而不是活在当下。你不要你所拥有的，你要你所没有的。任何一种形式的等待，都让你无意识地在你的此时此刻，创造了一种内心的冲突：你不要此时此刻，你把希望寄托于未来。①

所以，当我们真正关怀生命本身时，当我们把注意力投注在当下这一刻时，我们将会发现，学会等待，就是"没有等待"。学会等待，是让自己接纳当下，处于当下。

二、原谅自己

一位朋友经历了从"深深的自责和愧疚"到"原谅自己"的心路历程，她与我分享了这段经历。

朋友是一位妈妈，孩子出生后，她便陷入了深深的愧疚，自我责备，甚至有一种罪恶感。因为她认为孩子不完美，是自己造成了孩子的不完美！她觉得这辈子都不能原谅自己，周围人的劝说根本不能解开她内在的这个结。

这种愧疚与自责笼罩着她的生活，渗入她的情绪。她为孩子忙碌着，觉得要用尽全部的生命力量来养育这个孩子。这个过程中，

---

① （德）埃克哈特·托利《当下的力量》，中信出版社，2007年10月版

她很累，内心充满挣扎。有一天，她意识到这一切并不是真正的爱，而是自己的补偿心理，想通过补偿来减轻自己的愧疚感。于是，她开始希望自己能够原谅自己。但她发现那是头脑的想法，她的内在并不饶过她。那种责备和愧疚的感觉仍然充斥于她的内在，丝毫没有消退。她陷在深深的痛苦里，想原谅自己竟然都不能。

原谅自己真的并不容易！

她知道自己这样的状态并不能给孩子真正的爱，反倒会给孩子和家庭造成负向的能量。她知道自己这样的状态其实也在内耗自己的生命能量。她很累，身心疲惫。

生命给了她一个新的转机。

一次心理治疗中，她彻底释放了自己的深层情绪，歇斯底里地痛哭了很久，愤怒、恐惧、悲伤、痛苦，似乎都从生命的最深层被释放了出来。直至最后，她都不知道自己在释放什么情绪。太多的情绪在生命与身体中积压了过久、过深，那个"内在受伤的小孩"出现了。

我们每个成人的内在都有一个"受伤的小孩"。在我们的童年，在我们完全没有能力应对生活中发生的事情时，在我们完全无意识的情况下，一些经历、一些事件，在我们生命的内在留下了一些创伤、情绪和心理模式。我们的年龄在增长，但心理却滞留在"小孩"的那个状态。而且这个心理上的小孩，一直在支配着我们的思维、我们的情绪和我们的行动。

这个心理上的"小孩"，正是我们生活的制造者。

"'我'原谅自己那个'内在受伤的小孩'。"一个声音在她的内在出现，她泪流满面。这一刻，她觉得原谅了自己之前的一切。

怎能不原谅自己？怎能不原谅自己那个心理上尚未长大的孩子？不仅要原谅她，而且要爱抚她，让她成长。

生活中，或许你也因为某件事情而不能原谅自己，并且给自己下了各种判断："我怎么这么糟糕"、"我真是道德有问题"、"当时我要不这么样就好了"……进而会产生"我恨我自己"、"我是不好的"等情绪。

这时，你有两条路：一是将自己固着在这种情绪中不能自拔，这意味着"不原谅自己"的情绪始终禁锢着你，伤害着你的身心，影响着你的生活；另一条路是觉察自己，觉察"谁是我生活的真正制造者"。当你觉察到那个主导着你现实生活的"心理小孩"时，你就会给予自己最大的原谅，给予自己爱和能量。

选择在你自己的手里。

三、学会转化内心的伤痛

当我们的潘多拉之盒被打开的瞬间，我们看到了自己内在被压抑许久的伤痛和生命负面的能量。这些伤痛与能量在头脑所产生的好坏之分中被判了死刑。我们既不面对也不接纳，总想将它们深深地埋藏或试图遗忘。但是，我们越是这样躲闪，它们就越是想篡夺我们生命的王位。幸福的王冠就这样被伤痛和负面能量所折损。

这样的困境，就发生在秋身上。

秋的美丽和能干，让很多人为之赞叹。从小，秋的优秀表现，就是父母满足自己荣耀感的资本。而他们对秋的不断要求，取代了他们对秋的真正关爱。没有爱，只有为满足要求不断的努力。秋的人生，外强中干。成年以后为人母亲，她越来越发现自己内在的脆弱。成长中，她没有获得父母真正的爱。当她想起父母对待她的方式，她就感到特别脆弱、无助，没有获得支持，自己是如此的孤立无援，内在产生了对父母极大的怨恨。每当这种感觉来临的时候，她又觉得这样是不对的、不应该的，然后开始内疚。秋的内心，总是被这两股力量纠缠着、内耗着，她能做的，就是不断地压制这种痛苦。这让她筋疲力尽。

其实，我们很多人都跟秋一样，在成长的道路上，遭遇了各种各样的伤痛，这些伤痛，是我们生命的一部分。假如我们的内在有十分的资源，那么这些伤痛，也在其中占着几分。如果我们埋藏或者忘记它们，那么，这将是我们内在的缺失。我们要学习转化伤痛的能量，这个过程漫长而痛苦，但是不要着急，一定要慢慢来。

四、学会看到伤痛背后的善意

当伤痛产生的那一刻，我们要先体验那时候的痛，然后要触摸那时候的痛，并且感受当下的自己，把注意力放在自己的内在，看看内在发生了什么变化。我们要与生命中的正面能量产生连结，因为即便是伤痛，也会给我们的生命留下正面的东西。学会从伤痛背后看到收获，从事件背后看到善意，我们就可以转化内在的能量。比如秋，她拥有比别人更大的坚定和承受力。比如父母对孩子的一份苛责，背后就有一个巨大的善意，因为父母受穷一辈子，不再想让孩子再过和他们一样的生活。

所以，让我们将注意力放在如何改变上，我们期望自己有怎样的成长，并且把自己的感受对自己进行表达："我感到心痛，曾经被伤害过的一份心痛，现在我想请你（这份心痛）来到我的怀抱，我用我三十七岁的生命给予你爱抚。"学会用你现在的生命去抚慰那个曾经受伤的内在小孩！

生命的改变，就这样慢慢地发生了。那些资源也不断地在你的身体里转换，让生命内在感受到更多的和谐。你的内在越和谐，你就越懂得怎样去真爱你的孩子。

五、我对自尊的宣言

我对自尊的宣言

我是我自己。

在这世界上，没有一个人完全像我。有些人有一部分像我，但没有一个人完全像我。因此，从我身上出来的每一点，每一滴，都那么真实地代表了我自己，一切都是我自己的选择。

我拥有我的一切，包括我的身体和它所做的事情；我的大脑和它的所思所想；我的眼睛和它所看到的事物；我的感觉，不论是愤怒、喜悦、挫折，还是爱、失望、兴奋；我的嘴巴和它所说的话，礼貌的、甜蜜的或粗鲁的，正确的或不正确的；我的声音，大声的或者小声的；我所有的行动，不论是对别人还是对自己。

我拥有我的幻想、梦想、希望和担忧。

我拥有我所有的胜利与成功，所有的失败与错误。

因为我拥有全部的我，因此我能和自己更熟悉、更亲密。由于我能如此，所以我能爱自己，并友善地对待自己的每一部分。于是，我就能够做我最感兴趣的工作。

我知道某些困惑我的部分和一些我不了解的部分。但是只要我友善地爱自己，就能够有勇气、有希望寻求途径来解决这些困惑，并发现更多的自己。

然而，任何时刻，我看，我听，我说，我做，我想或我感，那都是真实的我。

过些时候，我再回头看我如何看、听、想和感受的，有些可能已经不再合适了。

我能够舍掉一些不再合适的，而保留其余的，并且再创造一些新的来取代舍掉的那些。

我能看、听、感受、思考、说和做。我有方法使自己觉得活得有意义、亲近别人，使自己丰富和有创意，并且明白这世上其他的人类和我身外的事物。

我拥有我自己，因此我能驾驭我自己。

我是我的，而且我很好。[1]

---

[1] （美）萨提亚《新家庭如何塑造人》，世界图书出版公司，2006年8月版

上面这篇文章选自心理大师萨提亚女士的《新家庭如何塑造人》一书。萨提亚女士告诉我们，在每个人的成长道路上，我们首先要做的就是了解自己。这犹如一盏明灯，指引着我们的思维、我们的心灵体验以及我们为此所付出的行动。仔细品味这份宣言的每一句话，我们会发现，它的文字充满了爱，充满了对人性的理解与尊重。同时，通过质朴而简洁明了的语言，宣言为我们全面展示了一个拥有完整自己的生命的状态。

第三章 放下你的期待，学会认同你的孩子！

第三节　对孩子说："你真的很好！"

我们是如此地爱着我们的孩子，以至于我们几乎不能容忍孩子有一点点的瑕疵；因为对我们自己有太多的不满，于是我们对孩子有太多的期待；我们自己就在父母的不认同中长大，所以我们很难真正认同自己；我们的文化和社会环境中弥漫着否定、批评的气息，而肯定、欣赏和赞扬已成为一种稀缺资源……于是，我们自然地延续着这样的方式，很习惯地用这样的方式去对待我们的孩子。

我们希望孩子比我们更好，但我们的行为和语言却在不断地否定孩子、挑剔孩子。这种负面信息不断重复，只会给孩子的成长造成负面的影响：刚开始，孩子感觉父母不接纳自己；终于有一天，孩子被父母催眠了，自己内心也会认为："我不好，我是不行的。"

一、"我的孩子为什么这样？"

聪聪一生下来，眼睛清澈透亮，皮肤细嫩白皙，特别招人喜爱。但当孩子一岁多的时候，父母却发现聪聪的肢体协调性与别的孩子不同，于是带着孩子到各大医院检查、治疗，但并没有取得本质性的改善。这让聪聪妈妈特别焦虑。

后来，孩子的身体状况逐渐好转，但妈妈的焦虑却丝毫未减，妈妈总在担忧，孩子长大后怎么生活。为了孩子未来有一个好的前途，妈妈把一切期望都寄托在孩子的认知发展上，拼命地给孩子灌输知识。这样又过了一两年,问题出现了,孩子出奇地喜欢《西游记》,并且时常会自言自语,把自己当成孙悟空。

聪聪刚入园的时候,我不明白,孩子为什么会出现这种现象。于是,我和聪聪妈妈做了深度的沟通。我惊讶地发现,原因并不只在于聪聪的肢体协调性不好,深层的原因,来自于他妈妈如此地对孩子不接纳,不认同。

"我觉得自己长相不好,个子有些矮,身材也不是特别匀称。他爸爸也不行,工作上也就那样,看不出有什么大发展。"但我看到和听到的信息,跟聪聪妈妈叙述的,却是完全不同。聪聪妈妈远非她自己所说的那样,长相绝对是中等之上。聪聪爸爸在一个很不错的单位工作,职位优越,能力出色,待人接物得体。

因为不认同自己,所以从根本上很难去认同自己的孩子。看上去似乎是由于孩子的某个缺陷造成我们不接纳孩子,实际上是我们内在原本就不接纳自己。孩子的出生,把父母内在的问题显现了出来。

在我们的周围,不认同孩子是个普遍现象。孩子出生,我们关注孩子的长相;孩子稍大一点,我们关注孩子是否聪明;上了学,我们关注孩子的学习成绩。最致命的是,我们习惯性地用单一的标准来评判孩子的整个生命。孩子相貌有一点缺陷,我们就不接纳孩子;孩子语文不好,我们就否定孩子的所有。我们很容易把目光聚焦在我们不满意的地方,并把它放大为孩子的全部。于是,孩子从我们这里接收到的信息,总是自己这里不行,那里不好。如果我们不能意识到我们文化中的这个弱点,不能认识到我们这种负向的惯性行为,我们的孩子依旧会像当年的我们一样,在否定声中成长,最后自己否定自己。

二、"我的孩子像花儿一样"

"女儿生下来,我有些失望。我觉得她长得不像自己想象中的那样，我的女儿应该长得更漂亮。女儿两三岁的时候，我内心真的不接纳她，觉得怎么就不如周围的几个小女孩好看呢。虽然我嘴上也说，露露，你真漂亮，但心里并不是这样认为。

露露似乎有些胆小，与小朋友一起玩的时候，很胆怯，遇事特别容易退缩，根本不敢拒绝别人。露露三岁的时候，我看周围小女孩都穿纱裙，所以也给她买了一件非常漂亮的白色纱裙，但露露一直不穿。

现在想想，那时候孩子可能觉得自己不够漂亮，不配穿这么漂亮的裙子。其实孩子一直是能感受到我的内心对她的评价的。我认为女儿不漂亮的内在信息被女儿感受到了，于是她认为自己不漂亮，甚至哪儿都不好，所以在小朋友面前胆小自卑。"谈起这些，露露妈妈有些后悔。

"'妈妈认为我不漂亮，认为我没有周围的小朋友好。'如果一个孩子不断从妈妈这里接受着这样的信息，你能想象孩子的感受会怎样？"露露妈妈反省自己过去的做法，当然，也有对自己及时改变的欣慰。

露露四岁生日的时候，妈妈认真地告诉她："露露，不管你穿不穿裙子，你都是公主，妈妈觉得你很好，在妈妈眼里你是最漂亮的。"

第二天早上，孩子起床就问妈妈："妈妈，你真的觉得我很好很漂亮吗？"

"是的。"妈妈看着女儿的眼睛很确定地告诉她。

"我也觉得我挺好的。"女儿看着妈妈说。

从那以后，露露妈妈发自内心地欣赏孩子，并且，她也真切地感受到女儿身上无数的优点和美好。"我的女儿像花儿一样，多美好的生命呀！"

有一次，同事说："你女儿真漂亮，比你好看多了。"

"真的吗？你真的这么看？"

"当然了。"

让露露妈妈惊喜的是，女儿一天天地变化，开始主动提出让妈妈给她买裙子穿。前段时间，审美的敏感期出现了，她天天都要穿纱裙或长连衣裙，要自己化妆。看着孩子全身心地欣赏自己，露露妈妈发自内心感到喜悦。

当我们敞开心扉，发自内心真正接纳孩子、欣赏孩子的时候，孩子就能接收到我们这种正向的能量，获得生命的滋养。

"我才不在乎他们说什么呢！"

在认同中成长起来的孩子，认同自己，肯定自己，懂得客观地认知自己，不会轻易为他人的看法所左右，不会显得无所适从。

瑞瑞一直不愿意出去理发，他只接受妈妈给他剪，但妈妈给他理的发总会长长短短不整齐。有一次妈妈给他剪完之后，发现后脑勺的头发参差不齐，有点儿难看。妈妈比较在意这些，于是说："瑞瑞，你看妈妈给你剪得不好看，要不咱们去外面修一修，那个叔叔很快就给你修好了。"瑞瑞不同意，妈妈想尽各种办法哄他："如果妈妈带着你出去，别人会说，你看这个小朋友的头发多难看啊！"瑞瑞当时正在画画儿，回过头来说："妈妈，我才不在乎他们说什么呢！"

瑞瑞妈妈当时特别吃惊，然后是惊喜。孩子知道自己是怎样的，并不会在意别人怎样看他。

妈妈发现，孩子确实是这样的，他不在乎别人怎么说。有时候，爸爸妈妈带他去爷爷奶奶家，对于爷爷奶奶的称赞、夸奖，瑞瑞显得特别淡定。妈妈问他为什么，瑞瑞说："我知道妈妈是爱我的，爸爸是爱我的。"妈妈明白，孩子是在表达：我很确定，爸爸妈妈很爱我，很接纳我，我很满足，我不在意别人怎么说。

三、需要改变的不是孩子

我们不太愿意，也很少能静下心来回忆我们的童年往事。我们总在想，过去的就让它过去吧，反正已经无法改变了。我们总会想当然地以为我们的成长经历就那样了，但孩子不会和我们一样，他们的生命将是全新的开始。

但事实上却未必如此。

当我看过张以庆导演拍摄的《幼儿园》这部纪录片后，我感到，我们自身的改变，是我们必须做出的选择。

这是中国第一部反映幼儿园生活的纪录片。导演在幼儿园实地守候三年，拍下五千多个镜头，深刻地展现了孩子们的心理成长状态。

影片的开始，伴随着《茉莉花》悠扬的音乐，出现了两行字幕："也许是我们的孩子，也许是我们自己！"

这是一所某省会城市最好的寄宿制幼儿园。第一个镜头是，孩子们在周一的早晨来到幼儿园，哭声一片，孩子们死死地拉着妈妈的手不放。

紧接着，孩子们开始了一周有规律的生活。众所周知，在成人的眼中，全托是锻炼孩子生活自理能力的最佳方法，所以孩子们学习自己处理事情就变成了重要的课程。

一个中班的小男孩，他在午睡后要穿衣服。里边是一件小半袖T恤，外边要穿一件衬衣。男孩无论怎样都穿不好，许久之后，他终于气急败坏地将衣服扔在床上，并且烦躁地大哭起来。可是，帮助并没有来临，于是他只得在无奈中拿起衣服，再次边哭边穿。终于，他把衣服穿上了，打着喷嚏离开了房间。

孩子们被要求将每两个小椅凳上下互扣摆放，但有一个孩子怎么都摆不好，他惆怅万分。然后，他获得的唯一指导，就是老师一句不耐烦的话外音："调个面，调一个面。"语调之外的潜台词："你真笨啊！"孩子放弃了，无奈地看着窗外。

在成人认为这一切很正常的同时，我想孩子内心已经对自己有了一个潜意识的判断：我是不行的！

影片对孩子们之间从身体到语言的暴力攻击都做了记录，这种攻击显示出愈演愈烈的势头。打人的孩子被全班围攻,柔弱的孩子被强势的孩子蔑视,冷漠以待:"你这个人好烦,我好讨厌你,不要和我坐在一块!"

这些现象,成人也许并不觉得是成长中的问题。在家里,成人没有给儿童一个良好的语言环境,往往也以同样的方式对待孩子:"我讨厌你,你怎么就这么烦人,别跟我在一起。"恰恰是我们的语言模式,促成孩子建构了同样的语言模式。

强势的孩子以这样的模式去对待柔弱的孩子;当然,柔弱的孩子没有力量去面对和拒绝这种模式的时候,会习惯性地让自己进入麻木的状态。但我要说,这种感觉也深深地将一种信念留在孩子心里:我不够好!

片中对孩子做了一些采访。

记者问一个五六岁的男孩:"你知道爸爸妈妈为什么把你全托吗?"

孩子略带遗憾地说:"他们说很忙,要赚钱养活我!"

顿了一下,孩子继续说:"我妈妈要去美容院,我爸爸是房地产的老板,要去请别人吃饭。"说完,他若有所思地想了很久。我想,他会认为在爸妈心中,比起吃饭和上美容院,自己不够重要。

记者问几个五六岁的孩子关于爱的话题:

"什么时候会说'我爱你'?"

"不知道!"

"说过没有?"

"没有。"

"听别人说过没有?"

"没有。"

"你想对谁说'我爱你'?"

"不知道。"

"爱是什么意思呀？"

"就是我把你抱着，你把我抱着！"

"那你有没有抱谁的想法？"

"没有。"

"你会对什么人说'我爱你'？"

"不说。"

"是不能说还是不好意思说？"

"不好意思说。"

"为什么？"

"因为那个很恶心。"

无独有偶，王朔有一部叫《看上去很美》的小说，描写的是二十世纪六七十年代的孩子在幼儿园的生活，几年前拍成了电影。片中的主人公方枪枪，通过自己的眼睛与感受，记录了生活的琐事，就是这样的琐事，给无数孩子都留下了成人不知的深切创伤。

两部影片的不同之处在于，随着时代的发展，物质条件明显改善，而我们的教育理念和多年来固化下来对待孩子的行为方式以及对待孩子的态度却没有太大的改变。

我们就是在那种旧体制旧观念下度过了自己的童年，我们失去了良好的自我认同与实现自我的价值感。即使成功，我们也并不能坦然地认为自己很好。

然后，我们的孩子又开始继续在这种依旧盛行的旧观念下成长，他们又将迎来什么样的明天？

揭开伤痕，总是一件令人痛苦的事情。但是今天当我们面对我们的孩子时，我们必须有所改变。正如世界的改变、中国的改变一样，我们不仅要为自己疗伤，更要通过我们的改变来为孩子们营造一个积极健康的成长环境，让我们的孩子在被爱、被认同、被接纳和被欣赏的环境中成长。

四、成人的内心也有一个"孩子"

丽是我一个要好的朋友,三十多岁。她性格乖巧温顺,对朋友宽容大度,并且热心帮助周围的人,在朋友中很有人缘。在单位,她勤勉肯干,领导也很肯定她的工作。结婚后很幸福,丈夫非常疼爱她,她也很体贴丈夫。

但是最近不知怎么了,一见面,丽就跟我说,这段时间自己在老公面前像个孩子一样,一听到老公夸奖自己心里就美滋滋的,但一感觉老公忽视她,心里就很失落、很难受。而且,自己以前总会去讨好老公,但这段日子却控制不住地指责他,说他这里做得不对,那里弄得不好。

我开玩笑地说,那是你童年在父母那里得到的关注和欣赏不够,现在希望在老公那里得到啦!指责别人,那是在宣泄你多年的压抑。

丽一下子愣住了。

丽在家中排行老二,上面有哥哥,下面有妹妹。童年的记忆中,哥哥最受父母的关注,哥哥的一切要求总能在父母那里得到满足,哥哥的每一点成绩也总能得到父母的赞赏,似乎哥哥的点滴小事在父母那里都很重要。娇小的妹妹也比较能获得父母的照顾。而处在中间的她却总是被忽略,似乎父母总也关注不到她的存在,她的要求在父母那里总被认为是不合理的,她的努力和成绩在父母眼里显得那么微不足道,而且她还要担当起照顾妹妹的责任。童年时期,她常常会感到委屈、不公平,但幼小的她已经懂得讨好父母、讨好周围的人,以获取大人们的关注,这也形成了她乖巧温顺的性格。

这样的成长经历不断给她这样的信息:哥哥、妹妹很重要,而自己是不重要的,是没什么价值的。她自己也在不知不觉中接受了这样的看法。她不知道的是,自己那份被关注、被肯定的渴望早已深深埋在了心底。

丽带着这样的渴望,一直到成年。结婚后,爱人对她的宠爱,重新唤醒了她那份在心底埋藏多年的渴望。她开始渴望丈夫像父亲一样爱她，关注她，重视她，肯定她，欣赏她。就在获得满足的过程中，她不再那么小心翼翼地讨好别人，而变成了一个指责丈夫的女人。这种指责并没有恶意，但它却能让一个人多年的压抑宣泄出来。她是幸运的，她找到是一个父亲一样的丈夫，能够以博大的胸怀宽容接纳她，肯定她，欣赏她。

有时候，一个简单的理由，就决定了我们在父母心中的地位，也决定了我们能从父母那里获得爱和赞赏的多少。比如，自己是个女孩而非父母期待的男孩；自己长相一般而非父母期待中的漂亮宝贝；自己排行老二老三，而非老大或老小；自己在父母计划之外来到这个世界上；自己仅仅某一学科的成绩不如兄妹……就这么简单，我们作为生命本身的价值就被否定了。

天下没有不爱孩子的父母，只是父母有时还没有把自己的生活打理好，时常还会深陷在自己的情绪中，根本顾及不到孩子的需要和感受。父母想爱而无力爱，想爱而不懂得怎样爱。每个人在成长的过程中，多多少少或有意或无意，都会留下一些心理的伤痕。

五、物质世界的成人，精神世界的孩子

在一次治疗中，有这样一个练习：两人一组，A说"我看见了你的眼睛……"，B来猜A想说的下半句话是什么。这是一个沟通技巧的练习，由此来判断每个人在沟通过程中对自己和对别人的了解程度。

我的搭档是一个三十多岁的成功男士，事业有成，家庭美满，令许多同龄人羡慕。整个练习过程中，他似乎有一些紧张，当我看着他的眼睛说："我看见了你的眼睛……""我的眼睛长得不够好看。"他马上说。我笑着摇摇头。"我看别人的眼神不够有礼貌。"我又笑着摇摇头。此时他真的有点紧张了，忍了很久终于说道：

"那……是我的眼神有点儿凶,还是没有看着你说话?"

我有点儿难过,不想再让他猜了,因为我想说的那句话仅仅是"你冷漠的眼神背后有着一种热情",当我说完这句话后,他的眼圈一下子红了。过了一会儿,他轻轻地点了点头,说了句"谢谢"。

我不知道是什么让这个成功男人拥有这么低的自我认同感,为什么对自身这么没有信心。谈论自己的事业时看上去是那么的成熟、智慧,但内心对自己却是如此没有底气。在后来的不断了解中,我获得了答案。

他从小成长在父母的吵骂声中。母亲总是认为父亲窝囊,没本事,一无是处,还总是花心,为此经常和父亲吵架。当然,母亲也常拿他出气,认为他与父亲如出一辙,一样笨,将来一样没出息。在这样的家庭环境下,一方面,他从小学习很努力,不想让母亲看不起自己,不希望别人小看自己,似乎要向母亲证明自己不是她说的那样;另一方面,不管他学习成绩多么优秀,他还是隐隐觉得自己不如其他同学,因为自己的父亲就是不行,因为母亲都说自己不行。但要命的是,不管自己学习多么刻苦,都不能改变母亲对自己的羞辱。他就如同父亲的替身,成为了母亲发泄的对象。

在家庭环境中,他父亲的应对姿态是讨好,而母亲的应对姿态是指责。那种长年的指责、抱怨,甚至羞辱,都让他对家庭有着一种恐惧和厌恶。但同时,他内心又是多么渴望父母能够牵手相爱,自己能够在爱的环境中生活。他一直就生活在这种矛盾当中。

大学毕业后,他凭借自己的努力和才干,很快有了自己的事业,做了老板,在社会上也算得上是一位成功人士。原以为这样就可以松一口气,也可以改变母亲对自己的看法了,也可以自信地说:"我是可以的。"在同事、朋友面前,他显得自信而有力,他也很享受这种感觉。但私底下,他的一些感受却是别人根本无法理解的,连他自己也无法琢磨明白。

他与我分享这一切的时候,我觉得他似乎是在说我,或者在说我们身边的每一个人。在我们的成长之中，我们又获得了多少认同？我们从来没有听父母对我们说："孩子，我们爱你，你是我们生命的骄傲，你的存在就是最有价值的。"我们时常听到的是，"你这样不好，你那样不行；你应该这样做，你应该那样做；你这个笨家伙，你这个讨厌的东西，我为什么要生下你；你那副样子能够干什么？你要是像人家某某就好了……"

就是这样的一种环境伴随着我们成长。我们在成人眼里，总是那么渺小，总是那样被忽略，更别说尊重了，让我们无法看清楚自己。于是不知道从什么时候起，我们内心给自己下了一个结论：我们是不好的，我们的生命不高贵，我们是没有价值的！这种信念导致我们容易沮丧，容易抱怨，我们的内心虚弱得没有办法关注我们的孩子、照顾我们自己的生活，因为我们是不好的。而这种心态恰恰影响着我们的事业、家庭和孩子。

此刻，请重新看待自己：生命因高贵而神圣，因神圣而优雅！

六、外在成功不等于内在成功

二十九岁的他，在一家知名企业工作，热门行业，高薪水，高福利，并且在公司受到上司赏识，很有发展潜力。但他对自己的评价却是："我并不快乐，我对任何事情都没有兴趣，有时觉得自己挺差劲的。我心理不健康，我需要心理治疗。"

我仔细观察他。一米八五左右的高个儿，白净的皮肤，飘逸却恰到好处的长发，显示出年轻人的时尚、大方与自信。"我不少哥儿们都这样，看上去工作很体面，有时候却觉得很没劲。"他可能感觉到我在观察他。

我们的谈话从他的倾诉开始。他很健谈，不知不觉中向我说起了他的童年。

他出生在一个工人家庭，是家里的独生子，从小父母亲对他的期望就非常高。小时候最让他感到骄傲的是他的成绩一直名列前茅，但很遗憾的是他并没有因此从父母和老师那里获得肯定与欣赏，却因为淘气而不断遭到父母的责骂与老师的惩罚。

我问他："小时候挨过打吗？"

"当然！"

"厉害吗？"

"我爸爸用鞭子和棍子打我是常事。"

"那时你妈妈怎么做？"

"和我爸爸一起打我。"

停顿片刻，他继续倾诉："小时候我最喜欢开家长会，因为我成绩从来都最好；但也最怕开家长会，因为我也最淘气，老师总爱告状，然后我就挨打。我们老师很坏，他侮辱过我。"

"怎么侮辱？"

"他拿封条封住我的嘴，并在上面画个大叉，然后让我站在讲台上。"

说完，他马上补充："不过还好，没有给我留下什么心理创伤。"顿了顿，他问我，"王老师，你觉得呢？"

我没有回答。沉默片刻后，他又开始了叙述。"但我现在一点儿也不恨我爸妈，而且我特孝顺，经常给他们钱。我也告诉我女朋友，在我父母与她之间，我父母永远是第一位的，如果她胆敢对我父母不孝，她就给我滚蛋。"

听完他的这番话我无话可说，沉闷的空气再次袭来……

我理解他的苦闷，也明白他自卑的根源。

当我向他说起他的童年与当前状态的内在关联时，他眼睛湿润了……

父母和老师们似乎总是盯着我们身上的不足，并把他们认为的不足放大，甚至掩盖了我们身上所有的优点，于是父母和老师们便有了指责我们的充足理由。当否定、指责、羞辱、贬低、轻视等声音不断出现在我们耳边时，不知不觉中渗透到我们内心的是对自己的否定，直到有一天，我们内心产生"自我裁判"，并不断出现这样的暗示："我不行。"自卑的种子就这样在我们心中萌芽扎根，自己对自己的肯定、信任、欣赏的声音越来越弱，逐渐消失。这意味着，我们同自我认同断裂，只能依靠外人的认同来证明自己；我们同自我肯定带来的力量分离，只能依靠外人的肯定而快乐。

从小受到父母和其他权威的伤害，我们的内心是反感的，甚至会产生仇恨。但是，当我们把所有的渴望和期待都留在父母那里的时候，我们便会用一生的努力来渴望获得父母的认同、获得权威的肯定。我们无法感受自己，也更加无法认同自己。我们需要讨好父母，讨好权威，同时去指责那些比我们更弱小的人。

卡比尔·贾菲和瑞塔玛·黛维森合著的《靛蓝地球的成人手册》一书中谈到，这个时代正处在新旧交替时期。过去的一千年，人类处在崇拜权威、迷失自我的集体能量中。接下来我们正在迎接一个新纪元，在这意识进化后的新时代中，我们开始感受人与人之间爱的能量，体验生命连结的力量，发现万物平等且一体喜悦与圆满……

所以今天，我们要彻底走出这个卑微的自己，走向我们高贵且充满灵性的生命！

七、相信自己有面对痛苦的勇气

在这里，我不得不再次提起相信自己这一话题。在成长的历程中，痛苦和快乐是并存的。痛苦来自于面对创伤时的心痛，快乐则来自于改变之后的喜悦。当面对创伤的时候，那滋味的确不好受，但它就是我们生命中的一部分。如同疾病，你接受并面对它，经过治疗和调养就可能会变好。如果你忽视并逃避它，它就只会恶化。所以，当选择了成长之路，你不仅要面对一切，而且要相信自己有面对一切的勇气。

我曾在一本书中,看到过这样一个小故事,大意是:

一群天使在天堂里玩耍,他们看见了人间有一道道的光环不断出现,那是相爱的人身心结合的时候所发出的光,这光照亮了天堂。小天使就告诉大天使,他们每个人都要选择一束光,并飞向那里。大天使劝阻,而小天使执意而行。大天使只好劝慰说:"你们可要想好,你们在那里要面对许多问题,并且你们要有面对痛苦的勇气,你们也不能懊悔,因为这是你们自己的选择。"最后,小天使们飞向了自己喜爱的光体中。

假如你相信自己就是那个天使,那么你也一定会相信自己拥有面对痛苦的勇气。换句话说:你的人生蓝图都出自于你自己之手!

八、接纳自己就是接纳世界

自我认同度低的主要原因是我们不接纳自己。也许有人会感到不解:我们怎么能不接纳自己呢?但的确,我们在生活中,处处都体现出对自己的不接纳。

首先,我们不会欣赏自己。这种欣赏不仅仅是对自己外表的欣赏,而是对自己的内心、对自己身心每一部分的欣赏。

其次,我们习惯挑剔自己,并且习惯将自己与别人比较。尤其是用自己的短板去比别人的长处,这更是因为父母给予孩子的深层信念,就是样样都要做到最好,一切都要完美。

其实,每个人在自己的领域里都有自己的优势,不必要求自己的生命呈现完美。我们要接纳我们的优点,也要学会接纳我们的不足。头脑接受这个观念并不太难,难的是心有体验,并内化在日常的行动上。

一位正走在成长历程中的好友,与我一起分享了自己在面对这个问题时的真实体验。

好友在很长的一段时间里,脚底脱皮。第一次出现这样的状况,她又担心又害怕。大夫告诉她那是脚气,更让她羞愧难当,对于一个女孩子来说,这是一件多么令人难堪的事情啊!药物并没有解决问题,脚气随着气候的变化时好时坏,这让她的心情也随之变化。一个同事告诉她,这是缺少维生素造成的,于是她开始狂补水果,但依旧不见好转。

在一次沙滩旅游的时候,她只是从浴场穿过一条马路,光脚走到车上,脚底就变得面目全非。于是,担忧、沮丧、生气……各种情绪交织在她心中。

晚上回到宾馆,她一直有意无意地将自己的脚藏起来,并且心情很不好。但她细心的男友觉察到她的心思。

男友平静地问她:"脚底脱皮很难受,是吗?是不是觉得这让自己不完美。"

好友委屈又难过:真丢脸啊!一直认为自己是一位形象与品位都还不错的女人,却栽在了自己的脚丫子上,真是可悲呀!

男友笑了,搂着她说:"没关系,我不在乎,不管你怎样,我都爱你!"

这太出乎好友的意料了,男友并不是一个善于表达的人,但那一刻,却将好友带入了另一种心境。

从那以后,好友以开放但又绝对重视的心态来面对并关注自己的脚丫。她用足浴、盐水、醋水、中医等方法来呵护自己的双脚。即使这样,好友的脚在每年夏天穿凉鞋的时候,还会不经意间出现问题。

直到看完《生命的重建》[①]一书,好友才有了更深层的认识。她开始做一件事情,不仅仅是用外在的方式呵护自己的脚,更用内心的真实感受与它对话。(《生命的重建》这本书后附有身体的病症与

---

① (美)露易丝·海《生命的重建》,中国宇航出版社,2008年1月版

情绪，以及心理的问题列表。在很长的时间里，我用这个列表每晚检测自己的身体与觉察自己的情绪。）

每天晚上，好友都会感谢自己的身体为自己今天所做的一切，尤其是脚。不仅如此，她还同时欣赏自己颇为美丽且尺码标准的脚，接纳自己脚上的所有问题，并且将书中对脚的问题的描述记录下来：

问题：脚癣

导致问题的心理原因：对于不被别人接受感到沮丧，不能轻松前进。

新的思维模式：我爱自己，赞同自己。我允许自己向前进，这很安全。

问题：脚

导致问题的心理原因：代表我们的谅解——对我们自己的谅解，对生活的谅解，对别人的谅解。

新的思维模式：我愿意随着时间的变化而改变，我是安全的。

好友通过分析导致问题的心理原因，一点一点地觉察自己，一点一点地向生命的内部看去。同时，她还大声朗读和默念新的思维模式。

这个方法成为习惯后，好友的身心逐渐放松，开始接纳自己的一切。当然，脚也恢复了应有的美丽。

从好友的事例中，我再次深深地体会到什么是爱自己，什么是接纳自己！

九、爱自己才能爱世界

那么此刻，就请你来为自己做一个小小的练习，与自己的生命做一次连结。请你用心表达自己，其目的是感受一个真实、坦诚的真我，并且通过自己的体验来感受自己内心的成长。请用三个形容词表达自己是一个怎样的生命状态。

规则：
1. 所表达的形容词是正向的。
2. 你需要将这份描述说给自己听。
3. 整个过程中，内心是真实、坦诚的。

我们知道，大脑接受理念与内心拥有体验并且内化为行为的过程，是完全不同的。心理成长，是一个新的领域，其中还有太多的未知，但人们的需要却在逐渐增强。所以，很容易形成这样的局面：头脑接受了一些理念，但心理和行为并没有改善。因此，在你接受了一些关于心灵成长的理念后，需要去充分体验并付诸行动。

也许你开始默不作声，也许你会有些紧张。若你是位男士，你定会说："有这个必要吗？夸自己不太好吧！"你甚至会说："这太幼稚了！"

通常这些想法代表了众多国人的观念。在我们成长的过程中，我们的父母很少认真地欣赏我们。人前教子、人后教妻是我们的传统。被人欣赏，尤其是直接的表达，是一件不常见的事情，更何况自己欣赏自己，更是不容易做到。尽管你在内心深处觉得自己是一朵绽放的水仙花，并且经常在众人面前炫耀自己，但真正用内在的眼睛面对自己的那一刻，到底会发生什么，只有自己内心最清楚。

当然，这个练习不仅是你一个人做，还有很多很多成长中的人都在做。不要小看这个小小的练习，它会让你更靠近那个真实的自己。

第一步："你是谁？你是否能够欣赏自己的生命？"

第二步：在以下清单中，找出自己拥有的特质，并且告诉自己："这些都是我生命中的特质,从今天开始,我要更加珍爱与欣赏你们,并允许你们在我的生命中更大地绽放!"

在以下清单中,找出你没有但希望拥有的三种状态,并且告诉自己:"从今天开始,我所选择的成长之路,会将这些特质带进我的生命。"

写下你认为令自己不够满意的方面,认真地告诉自己:"无论怎样,这些都是我生命的一部分,我开始学习接纳并尊重它们。随着我的成长,不再合适我的东西会离开我,新的、合适的东西会进入我的生命,让我的生命柔软而舒展。"

形容词清单

1. 有爱心的　　2. 敏感的　　　3. 勇敢的　　　4. 伶俐的
5. 细心的　　　6. 大方的　　　7. 忠诚的　　　8. 诚实的
9. 强壮的　　　10. 有活力的　　11. 性感的　　　12. 干脆的
13. 有创意的　　14. 有想象力的　15. 好玩的　　　16. 有吸引力的
17. 有趣的　　　18. 有鼓舞力的　19. 好笑的　　　20. 周到的
21. 有情趣的　　22. 有条理的　　23. 有资源的　　24. 活泼强壮的
25. 愉快的　　　26. 调和的　　　27. 优雅的　　　28. 高贵的
29. 和蔼的　　　30. 会玩的　　　31. 关爱的　　　32. 好朋友型的
33. 兴奋的　　　34. 节俭的　　　35. 活泼的　　　36. 守诺的
37. 参与的　　　38. 善于表达的　39. 活跃的　　　40. 小心的
41. 保留的　　　42. 冒险的　　　43. 能接纳的　　44. 负责的
45. 可信赖的　　46. 有滋养的　　47. 温暖的　　　48. 刚健的
49. 仁慈的　　　50. 温柔的　　　51. 实际的　　　52. 健壮的
53. 机智的　　　54. 放松的　　　55. 美丽的　　　56. 英俊的
57. 宁静的　　　58. 有生气的　　59. 体面的　　　60. 有弹性的
61. 自发的　　　62. 有灵感的　　63. 热情的　　　64. 独特的
65. 社交的　　　66. 开放的　　　67. 支持的　　　68. 稳重的

69. 认可的　　　70. 尊重的　　　71. 值得信赖的　　72. 浪漫的
73. 有逻辑的　　74. 忠实的　　　75. 乐观的　　　　76. 高贵的
77. 圣洁的

第三步：用一致性的沟通表达对自己的感激。
我看到了我今天……
我听到了我今天说……
我感受到了我今天的心情……
我感激我自己……
……

在这个练习中，曾经有学员在表达自己时突然哭了起来，因为他发现，自己居然不知道自己是谁？姓名、年龄、工作、身份，这一切都显得那么空洞无力；有人在感动，因为他也从未如此认真深情地表达过自己；有人陪着演讲的学员一起哭。你无法想象，一个人在用尽生命的全部力量去寻找、用那些已经遗忘的词汇来欣赏自己的时候，是怎样的感动。有人始终在思索，像是在追寻内心的世界。没有炫耀，没有造作，有的只是坦诚的生命本身。

当然，在最早做练习的时候，也有很多学员不容易走进内在，于是开着玩笑，嘻嘻哈哈完成任务。我清晰地记得，导师让大家停下来，并严肃地说："关于生命，这是一个严肃而神圣的话题，你们为何会如此随便？"

第四章

连结孩子的生命力,体验生命之爱!

  一个有着美丽翅翼带着爱的使命的天使来到人间。由于社会和环境的影响,她压抑了那份天国爱的信念,以致变得麻木。是她的孩子的爱再次唤醒了已经成人的她,经过一段无序之爱的痛苦,她终于走向觉醒的生命之爱。

第一节　也许是我们的父母，也许是我们自己，也许是我们的孩子！

一、在宇宙之光中诞生

光，明亮而交织着，由白变蓝，由蓝变紫。白是那么清澈，蓝是那么深邃，紫是那样剔透。

爱，弥漫在整个空气里，散落在每一个角落里，围绕着每一个人。

海，宁静而包容，一眼望不到边际，只有那一片湛蓝进入眼帘。

花园，安逸而祥和，花朵与绿树相互欣赏。

男人，被白色长袍包裹着健壮的身体，悠闲地躺在树下的摇床上。

女人，被如海水般的蓝缎包裹着柔软的肢体，优雅而宁静地编织着。

孩子，被光围绕着，一身洁白，让你永远想不到有黑。

无论男人、女人，还是孩子，他们都有一对可以自由飞翔的羽翼。

……

和每一个天使降临人间之路一样，爱儿经过一条光之路，进入自己选择的那个母体。十月生长之后，爱儿出生了。

二、爱的法则

一个满脸疲惫的男人，从火车站走了出来，这是爱儿的父亲。三岁的爱儿，步履还不稳，她挣脱妈妈的手，以最快的速度奔跑过去，扑到爸爸的怀里，抱着爸爸的脖子喊："爸爸，爸爸！我想你！我爱你！"她的声音充满了爱意，整个身体都洋溢着幸福和满足，以至于周围的人都被这稚嫩的童声所感染，都望向爱儿。只有孩子，才会对爱有如此直接的感受和表达。周围的成人仿佛被这赤子之爱，唤起了心中沉睡已久的爱，但很快那爱又随风散去。爸爸抱起爱儿，让她骑在自己的脖子上，差旅的疲惫似乎瞬间散尽。

爱儿，带着天国的信念而来，从出生的那一刻起，就在用她的眼睛、她的小手，还有她那灿烂的笑，向所有她见到的人，表达浓浓的爱意，并唤起成人心底的爱。

每当妈妈不快乐的时候，爱儿就会静静地站在妈妈面前，用自己的小手捧着妈妈的脸，静静地看着妈妈。那纯净的眼神，带着爱的能量，化解了妈妈心中所有的苦闷。

有时候，爱儿静悄悄地来到爸爸身边，紧紧地抱住爸爸的大腿，深情的眼神让爸爸顿生怜爱。

成人的脾气变化无常，爱儿时常受到父母的训斥与责罚，即使爱儿并不知道是什么原因让她遭受这些，但爱儿从未记恨和抱怨过，她很快就会原谅他们。

没有人教过爱儿这样做，但爱儿很熟悉这种感觉：给予亲人以及周边的人一种无条件的、全身心的爱。这是爱儿六岁以前所拥有的能力，是来自于宇宙的智慧。

三、爱的缺失

爱儿的父母，经历了一个特殊的年代。

特殊的年代造就了特殊的环境，所有人都被剔除了生命中原有的丰富，停留在单一的诉求，那就是政治。爱和情感被阶级斗争所取代，孩子、父母、亲人、朋友……一切的关系都与爱无关，"同志"和"战友"成为时髦称呼，整个社会如同一个巨大的流水线工厂，每时每刻都复制着统一的思想、行为和意识。

爱儿发现很多不可理喻的事情，她分不清这些是实情还是假象——

孩子与父亲不仅不能在一起，反而要划清界限，只因为父亲有政治问题。

姥姥要与母亲划清界限，只因为母亲不选择离开父亲。

父亲多年的老朋友，却带人将父亲的家给抄了。

院子外面的高音喇叭里，总是在说某某是坏人，是敌人。

哥哥们都吵着要参军，因为这样就能成为一个令人羡慕的人，可以追求到自己喜欢的女孩子（这是哥哥们非常重要的秘密）。

姐姐们也争先恐后要嫁给站在台上戴大红花的军人和工人，她们认为这是她们正确而幸福的选择。

父亲母亲们不再有时间和精力照顾自己的孩子，甚至很久都不回家，孩子们只能相互照顾、相互帮助。

父亲母亲也不再拥抱孩子、亲吻孩子。敬礼成了打招呼的通用方式。

更有趣的是，两个相爱的人，他们之间也互称为"同志"。

整个世界只有灰、黑、蓝和军绿四种颜色，其他的色彩成为了"异端"，虽然很多人在心底非常渴望。

在那样的环境中，斗争远远高于情感。大家都不知道这个世界怎么了，也不知道爱被这个世界遗忘到了哪里。爱儿的父母，都是被爱遗忘的产物，所以，无论爱儿怎样用爱呼唤自己的父母，时代留给父母的伤痛，让爱儿与他们无法产生心灵的共鸣。为了适应父母的生活，终于有一天，爱儿与宇宙告别，与天堂告别，与天使告别，与自己内心的爱告别了！因为，她跟所有人一样，要想生存下来，就必须适应社会和环境，哪怕是压抑自己，或者让自己麻木！

四、爱唤醒了爱

一辆中巴车在爱儿身边停下了，一个三岁的男孩从车上艰难地跳下来，不顾一切地扑向迎面走来的一个女人。

"妈妈，妈妈，你是我最好的妈妈，我爱你！"那声音不大，却穿透了所有人的心，包括那位妈妈及车上和车站周围的人，也包括已经成年的爱儿。那位母亲和孩子成了所有人目光的焦点。孩子旁若无人，妈妈却很尴尬，满脸涨红，赶紧打断说："谁教你的，以后不许乱说。这是男女结婚才能说的，听见没有。""妈妈，可是我真的爱你呀！"……母子俩走远了，母亲的背影，似乎还显现出一种尴尬与局促不安，正如所有人的表情。

那一刻，爱儿哭了！这已经是多年后的一个春天，孩子的话，似乎比这春风更能拂动爱儿的心。

"爱是宇宙的法则"，在人们忘却它的时候，宇宙却用一个新生命来唤醒这份遗忘，这是多大的一份恩典。但在今天这个经济与科技发达的社会中，儿童却依旧承受着各种身心暴力的摧残。暴力的发生源于父母、学校乃至整个社会对生命感的漠视，一个不懂得生命的人，如何能够体验到生命中的真爱？

而一个新生命的诞生，恰恰是爱唤醒爱的契机！

五、对爱的渴望

那一天的画面、声音以及所有的感受，一直保留在爱儿的心头，总会带来一种回味。爱儿的心涌动着一种渴望，她开始渴望自己变成孩子，将同样的话说给父母和兄弟姐妹听，看看自己能够获得什么。

同时，爱儿发现世界也在悄悄地改变，很多人也开始在发生变化——

那些相爱的人们，不再直呼对方的名字，而是互称"亲爱的"。他们的身体渐渐靠近，男孩开始尝试拉着女孩的手，女孩会偶尔躲闪一下，但脸上的喜悦却无法抹去。

越来越多的人开始用眼睛、语言和行为，表达着对别人的关心和对爱的渴望，即使还显得有些羞羞答答，但也犹如一颗种子，在生根，在发芽，在生长。

街道上、胡同里，随处响起的歌声中，都充满了对爱的渴望。一首《野百合也有春天》，就将所有人的心从冬天带回了春天。

一些年长或年轻的女人，开始公开迷恋《一帘幽梦》、《几度夕阳红》……而男人们，也开始从武侠小说中，寻找力量与爱情的完美结合。

改变成了生活的主旋律，爱儿很高兴看到这种变化。

六、无序的爱

整个社会，都在涌动着对爱的渴望。曾经缺失的爱，让所有人四处寻找。这种现象就如同一群在黑暗中被关了许久饥饿难耐的牛，当围栏突然被打开，牛群会四处奔跑，毫无方向。有些牛以为离太阳最近的地方有最好的食物，可它们被晒坏了；有些牛依然在围栏里面乱窜，可它们被饿坏了；有些牛四处奔跑，希望寻找到最好的草场，可它们被累坏了。

爱儿的内心，也如同打开了的闸门，那种对爱的强烈需求无法自控。爱儿感到从未有过的脆弱慢慢袭来，生命如同空洞的躯体，急切地需要爱来填充。只是自己的伴侣，似乎跟自己一样空洞，又如何能给予自己？

倒是自己的孩子，始终在身边给自己很大的温暖和慰藉。于是，当爱儿脆弱的时候，她向孩子哭诉；无助的时候，将一切希望都寄托在孩子身上；烦恼的时候，拿孩子出气；委屈的时候，将孩子拉在身边，希望孩子像成人一样来安慰自己……

爱儿就在这种混乱中，呈现着自己孩子般的内心世界，却要求自己的孩子像大人一般样照顾和体贴自己，并完成自己曾经丧失的或者没有得到的期待，或者至少也是一个顺从的、帮助自己情绪释放的倾听者。爱儿以为这是爱自己的孩子。

就如爱儿一样，许多父母在无意识中，都让自己的孩子成了自己的父母。

直到有一天，有人告诉她：这个世界是个有秩序的世界，人也是有秩序的生命体，当然，情感也是有秩序的。每个孩子的到来，都是为了激发父母内心的爱。做父母的责任，就是无条件地爱自己的孩子，学会尊重，学会爱，让自己的孩子在无条件的爱中成长。如果我们没有获得过父母无条件的爱，在我们的内心留下了遗憾，那么，我们只能通过成长自己，从自己的内心获得爱的滋养。如果我们指望从孩子身上获得爱的补偿，那么我们的孩子，又将延续我们的生命状态，这将是何等的悲哀。

七、觉醒生命之爱

爱儿顿悟，她之前对孩子的做法，不是爱而是伤害！在无序的爱中，成人无意识掠夺着孩子的生命力。爱儿并不想这样做，但在身心匮乏的成长中，一切就那样发生着……

听从指引，爱儿没有陷入到自责与内疚的深渊里，而是决定：对自己的内在产生好奇，去看看那里都有什么？如何做才能让这一切发生改变，才能让自己与孩子与家人的生命走向有序，去拥抱生命之爱。

爱儿开始学习向内看，开始体验聆听内在的召唤：她从生命的五个层面中选择一个入口，开始探索自己的内在。

身体层——承载灵魂的容器。它并不是让你用一生的时间来肆意挥霍的，它让每个无形的灵魂有形展现在这个世界中。它使你拥有看、听、嗅、味、触摸的美妙功能，从而可以感受和认识这个美妙的世界。正如物质世界是精神世界的外在彰显。

那么，在某一时刻，你是否体验过那种灵与肉的合一感？是否认真欣赏过这个为你时刻付出的身体？又是否感激过这个让你的灵魂有机会来人世间走一遭的身体呢？

爱儿试着放慢脚步，感受身体的每个部分。她不再用超负荷的工作、肆意的情绪、长久的熬夜来伤害它，并试着给它放个长假。她在自然中漫步，学习深长的呼吸，习练瑜伽，进行冥想，自由舞蹈。透过这每一次对身体的滋养与连结，她探索这个身体所蕴育着怎样的宇宙奥秘，为何它会被称为"小宇宙"。

能量层——无形的气体，看不见但的确存在。一盆花，你给它歌唱它会开放，你对它愤怒，它就会枯萎。万物皆有能量，走在自然中，那清晰充足的氧气，会让你肿胀的身体迅速恢复。人也是一个需要流动与通畅的能量体。

起初爱儿并不曾体验到能量，认为这是个很玄的事。但是，在连结身体并一步步的觉察中，压抑在体内多年的情绪开始涌动。而这些情绪通常表现在气息中。比如：爱儿在自由之舞的大汗淋漓之后，会感到一股愤怒之气从腹部升起；在瑜伽体式之后感觉到悲伤，以及沉睡已久的后背在苏醒；在自然中静走的时候，会留下感动的泪水；在冥想之后，会觉得身体从未有过的轻盈。一些残留的坏情绪随着能量的通畅离开身体，身体从原有的松散逐渐变为中正而紧致，生命的场域也渐渐扩大……

心理层——它如同一座冰山，将生命十分之九的内容隐藏在其下，只有外在的行为如同山尖裸露在海面以上。你的每一份感受，每一个信念，每一种期待，每一份渴望虽然被深埋，却又无时无刻不在影响着你的行为。

在爱儿的一生中，没有人告诉她，关于内在还有一座什么冰山。这太不可思议了。她会感到痛苦、绝望、悲伤……但是这些是什么她并不知道，当然这些出自于哪里，她也从未想过。

探索内在生命的工作一旦开始，这些曾经被掩埋的部分便逐渐显露。爱儿继续探索，这如同学习弹奏一架钢琴。起初，这些琴键无法让爱儿有规律地弹奏出一首悦耳的曲子。反反复复的练习与不易识别的音色让爱儿感到混乱不堪。爱儿没有放弃，再一次泪水的洗礼后，爱儿像认识琴键与音符一样，开始看见那些影响自己情绪的感受，束缚自己生命的规条；还有那些没完没了的各种对自己、对孩子、对爱人等等的期待；更重要的是爱儿看见自己生命中曾经匮乏的每一份渴望，就如同大大小小的黑洞潜伏在体内。看着这些，爱儿明白自己为何会形成这般指责讨好的求生姿态。

当然，随着对生命的熟知，爱儿知道这一切都是生命的资源。随着对心理层的探索，爱儿感到自己的情绪越来越稳定，身体也越来越舒展……

意识层——在你的生活中，无论是欢乐还是悲伤，一切都出自你自己的意识。所谓意识，就是我们的心智。我们有两个心智：一个是潜意识心智，它左右着我们，但却不易被我们觉察到。在潜意识中，储存着我们无限的潜能与想象力，以及无限的可能性与无限的资源（包括我们童年的创伤）；而另一个心智则是我们的意识心智，是它将无限的可能性带入到现实生活中。而这个心智也可比喻为一个过滤器，当一个事件来临的时候，你的过滤器将给你的生活带来不同的想法。

之前，爱儿总是抱怨上天对自己不公平，让自己的生活如此糟糕。当她的过滤器流出这个想法的时候，这个想法就锁住了她，并且时刻跟随着她，帮她创造出一个更糟糕的生活。

但是，在生命一层层的转化与改变中，爱儿的意识在悄然发生着变化。她突然发现，上天用给了她一个天使般的孩子的方式让她重新感受到爱，并拥有了一次生命成长的机会。这个过滤器的产物，让爱儿从前的观念渐渐远离，新的意识自然来临，对生活的看法发生了悄然变化。她开始发现爱，享受爱，聆听爱：

"爱就是喜欢一片叶子。"

"爱就是给爸爸妈妈送一束美丽的鲜花。"

"爱就是尊重一个人，或者关注一个人。"

"两个人在一起，他们都很快乐，这就是爱。"

"对一个人发自内心的关怀就是爱。"

"接纳别人就是爱。"

"爱可以给我们带来勇气。"

"爱是人人都有、人人都需要的精神需求，它意味着幸福与信念。"

……

爱儿开始体验到，两个心智没有对错好坏之分，她需要做的就是知道什么时候进入那个意识心智……

灵性层——生命带着宇宙之光而来，必定不仅仅是一个物质体。人们用不同的宗教表达着一种与宇宙万物连结的灵性体验。而今天，除了宗教以外，量子物理学的出现，让生命的灵性体验更加具有科学性。当体验到生命之灵性层面的时候，我们才会经验到一种深刻的爱与存在感，才能够体验到我们作为一个充满灵性的人的圆满！

爱儿原以为追求灵性就是生命的尽头，当有了灵性体验之后，生活就会完全按照灵性的体验所发生。在一次次的觉知之后，爱儿开始了悟，灵性的力量就是帮助我们能够更好地完善做为一个人的不同面向，让每个人都能够更好地安住在自己的身体里，用一颗更宏大的心去创造更和谐的生活——实修！

随着对内在的探索，爱儿认识到了自己的改变，她不再从爱人和孩子那里索取爱，也不再期待孩子去完成自己未实现的愿望。在探索自己遗失的部分的时候，还是会悲伤、痛苦，但这些情绪不再能掌控她。爱儿知道，情绪不是她，身体不是她，内在的伤痛也不是她，这些只是自己生命的一个部分。当自己可以驾驭这每个部分的时候，生命便可以安住在本性之光中！

第二节 做自己的观察者

一、学会庆贺生命

通常，当我们发现或内省到自己的问题和创伤时，我们的习惯反应是，谴责自己或让自己掉进内疚的旋涡。而旋涡中的黑色情绪会把我们的所有发现很快淹没。接下来，我们就像"驴拉磨"一样，在发现、内省和自责、内疚中不停地打转。

今天，我们需要改变，将我们原有的习惯改变为更适合我们生命的方式，并在改变中创造一个崭新的自己，这才是生命赋予我们的意义。

为此，我们要学习改变的一个方法，那就是当觉察到自己的创伤时，庆贺我们所发现的问题与创伤，关注创伤背后的收获，然后接纳它。

也许你会问："创伤背后还会有收获吗？"

当然，每一份伤痛都是为了让我们透过痛的体验来发现背后的意义。例如：你从小失去了父亲，你没有获得父爱。这份伤痛会让你发现，你的生命用了怎样的勇气来承受这份丧失，你的潜意识中是怎样珍惜一份父子之爱。这份巨大的勇气与这份深藏不知的爱都是你未曾发觉的宝藏。

如同庆贺新生命诞生般的庆贺这些吧，认真、喜悦而坚定。并且，你可以选择你所喜欢的任何方式：送自己一份礼物，为自己唱一首歌，与伴侣分享感受，静静地独处……这一切是实实在在需要的，这是为生命而庆贺，有谁能不为此而祝福呢？

二、活在一呼一吸之间

说起呼吸，人人都知道，它是维持身体各组织器官新陈代谢的基本条件。如果说，我们的身体通常处于没有呼吸的状态，你是否会很吃惊，很疑惑？

跟大家一样，我在没有获得点拨之前，也没有意识到这个问题。第一次获知，是在一次心理课程上。老师说："我们在小的时候，通常被成人威胁和吓唬，在那种恐惧中，我们就会无意识地憋气，停止呼气。或者在担惊受怕中，短促的呼吸就仅仅停留在胸部，让我们内在的能量无法流动。而腹式呼吸，会让我们的气息进入腹部，并让气息充盈整个骨盆，这样的呼吸可以让我们的身体与心灵逐渐安静下来，同时让曾经缺氧的身体部位也逐渐开始感受到一呼一吸。例如手臂与手指、小腿与脚趾……"

在梦参禅学系列的《随缘》一书中，大师讲到："我以前观照的方法，是用呼吸的方法，念阿弥陀佛或者念地藏菩萨。吸气的时候就念阿弥，呼气的时候就念陀佛，或者就念地藏、菩萨都可以，用久了就可以一鼓作气了。一呼一吸都是地藏菩萨，随时这样念。但有位缅甸大智者马哈希（Mahasi）大师，他教导的一种方法很适合我，但他的方法不是以菩萨为名号。他都观照些什么呢？他说要观照呼吸，往内吸气腹部就胀，往外呼气腹部就扁了。观照你呼吸时的腹胀腹扁，思想自然就会专注在这个动作上了。如果我们不注意的话，还是注意不到呼吸。所以你可以用手摸着自己的肚子，吸鼓呼扁。"

这种呼吸方法，是很多人类活动发展到高水平的一个重要因素。例如，一位出色的舞蹈演员、一名优秀的运动员、一位高度智慧的思想者……他们的生命状态，都与良好的呼吸不可分离。

在获得自身体验后，我开始时常观察每个人的呼吸状况。从一开始难以判断，到后来用自己的呼吸去感受对方的呼吸，再到后来，很快就会辨别一个身体在某个当下，会习惯性缺乏呼吸的状态。这让我对生命有了更多感悟。

呼吸给我们带来的美妙就是生命如水的感觉，表面宁静、柔软，内在却很有力量，同时又具有纯净和流动的美感。

三、觉察并内观自己

蒙特梭利将老师称为观察者，而非教导者，这是教育观念的巨大进步。我们曾经受过的教育，习惯教导而不习惯观察。但对于有丰富生命活力的孩子来说，观察他们的行为，从而了解他们的心理需求，毫无疑问这是真正以人为本的教育。因为，每个孩子都是独特的自己。

当然，观察并不仅仅是针对孩子，也不仅仅是以上所说的通过外在的观察来了解孩子的内心。它还具有另一种意义，就是我们每个人对自己的行为以及念头的观察，也称为"自我觉察"，有人称之为"内观"。

"内观"让人容易觉得这是一种宗教行为，而且离我们的平常生活较远。但"自我觉察"却是我们每个人每天都应该做的工作。它的意义在于，让自己感知到：我们真真实实地活着，不仅仅是身体，而且是我们的心灵。

对于一个在社会中打拼多年的人来说，遗忘自己的心灵是一件很容易的事情。但对于生命本身来说，心灵却是不可缺少的。正如荣格所说，有的人在出生的那一刻就死了，但有的人却活了下来！

觉察自己的行为和念头，是让我们更好地了解自己的生命，懂得不断内省，从而能够很好地驾驭自己。我想，这应该是我们能够送给自己的最好的生命礼物。

第三节 对孩子说:"我们爱你!"

一、你的生活中还有爱吗?

"给你买了这么多东西,还哭!""哭,再哭就不要你了!"人行道上,妈妈甩下这两句话后,头也不回,愤怒地往前走去。孩子哭得声嘶力竭,边哭边追着妈妈。

"这么惯着你,还是不听话。为了你我都忙死了,快点!""别乱动,知不知道那是别人的东西。"啪啪,巴掌落在了孩子身上。

"一天到晚都在陪你,妈妈什么事都做不成。你还闹,好好的闹什么!"妈妈似乎容忍了很久,终于爆发了。

"这孩子,怎么这么笨呢,这么简单都弄不好。看看,就是这样,记住没?"

……

我们常说:"哪个父母不爱自己的孩子?"事实上我们的手却经常打在孩子的身上,我们的语言充满着愤怒、否定、冷落、威胁、评判……

最可怕的是,迄今为止,我们都认为这是对的。"爱孩子就要管教他,都是为他好。如果是别人,我才懒得去管呢!""古人都说了,黄荆棍下出好人,可见打人也有好作用。"

你有没有想过:我们的这些"爱",并没有给孩子带来成长的力量和信心，相反，他们感受到的，是恐惧、不安全、无自我价值等这些与爱毫不相干的负面东西。

我们还没有完全意识到有什么不对，只是这样惯性地去做；我们并不想这么做，但却无法自控地说了、做了。因为我们的父母，曾经就是这样"爱"我们的，我们学会的"爱"，就是这样的。

非常确定的是，不管我们内心多么爱自己的孩子，这样的行为给予孩子的都只有伤害，而且是心理层面的伤害。也许，我们需要回到童年，感受一下儿时父母这样对我们的时候，我们心里是怎样的滋味。

对于父母来说，打孩子骂孩子，都是为了孩子好；对于孩子来说，爸爸妈妈是我生命中最亲的人，最亲的人打我骂我，肯定是我不好，肯定是我做错什么了。

爱不是打骂，爱不是指责，爱不是否定，爱不是批评，爱不是发脾气！

二、爱你却无法陪伴

朵朵是爸爸妈妈的心头肉，为了让朵朵有更好的生活条件，爸爸妈妈整日忙于工作，朵朵只能跟爷爷奶奶生活。爸爸妈妈通常只在周末去看朵朵，或者把朵朵接回家。

像朵朵这样的境遇，肯定不在少数。这是个社会现实，我们首先要解决生存问题，要为自己和孩子创造更好的物质条件。工作、应酬、交往、加班、赴约，各种事，各种人，都要顾及，我们把所有的精力都消耗在这里，而没有时间和精力照顾孩子、陪伴孩子。我们的目的是为了孩子，到最后，为何最顾不上的就是孩子呢？这不是本末倒置吗？工作与应酬占去了我们和孩子在一起的时间。我们总觉得随时可以和孩子在一起，但我们往往总没有时间和孩子在一起。

还有一种状况，似乎更具有欺骗性。那就是，我们人和孩子在一起，心却没和孩子在一起。坐在孩子旁边，我们却在全神贯注地看报纸，接电话，看电视，想事情……我们很难把心放下来，全神贯注地看着孩子，用心陪伴孩子。

每个父母都觉得自己尽了全力去爱孩子。但我想说的是，除了物质，孩子的成长还有着巨大的心理需求。孩子需要和父母在一起，需要父母亲密的拥抱、抚触、微笑、亲吻、嬉戏……这些对孩子都是心理的滋养，父母让孩子体会到的爱，就是心理的、精神的滋养。没有这些滋养，对孩子的成长而言就是一种缺失，这种缺失带来的后果，甚至比物质的缺失更为严重。

我们已经很努力了，但为了孩子，我们还要抽出时间，并且高质量地和孩子在一起。

三、以对孩子未来负责的名义伤害孩子

强强四岁多进入"爱和自由"幼儿园。一看到孩子的状态，老师就知道孩子之前一定受到过严重的压制。孩子很不放松，对外人防御、排斥、拒绝进教室，几乎不合群，不参加文体活动，在自由的环境里，不知道自己该做什么。

经过沟通，老师了解到，强强的父母很关注或者说只关注孩子的认知发展，很小就开始教他识字、数数，要求他画画等。

面对这样的孩子，首先要做的就是家庭与幼儿园一起配合来调整孩子的心理，让孩子首先从心理上放松，然后自然地进入认知状态。

入园几个月后，孩子明显开始放松，开始愿意与老师、小朋友交往，有时会在教室选择自己喜欢的游戏。

但是，孩子的妈妈似乎不关注这些，她总担心孩子如此下去今后怎么办，老问孩子怎么现在还不去识字，不操作教具，不画画，

不学英语等。她焦虑地对老师说:"这样下去孩子以后怎么上预科班、上小学啊?长大以后到社会上怎么办啊?"

我们都渴望自己的孩子将来有所作为,但在孩子成长过程中,我们过于急躁,往往把孩子带入到成长的误区。一岁左右的孩子就是要学走路,要用手抓各种东西,还不断会放到嘴里品尝;三岁左右的孩子就是要按照自己的意志,去垒高,去攀爬,并显得执拗……这是儿童成长的自然法则。如果我们一味要求孩子去识字、数数,就抢占了孩子发展丰富而完整的内在生命的时间,同时给孩子带来巨大的心理压力,其结果是孩子把学习当成一种压力,不愿意学习,从而不能呈现出自然认知、主动学习的状态。

一个人的生命成长有他自己的规律,只有走在正常的轨迹上,他才能够成为一个完整的人。我们成人用头脑应对着外部世界,我们一厢情愿地认为,我们所做的一切都是为了给孩子一个美好的未来,因此,做任何事情,我们都能把我们的行为合理化,并美其名曰这就是爱。

四、爱,是关心孩子的成长

陪伴自己的孩子,照顾孩子的生活,与孩子交流,和孩子游戏,这应该是一个母亲的天职,无论是动物还是我们人类。曾经看过这样一个故事:一只藏羚羊面对猎人枪口的时候,不仅没有逃走,反而一步步走近猎人。突然,它四肢下跪,双眼流泪,似乎向猎人哀求着什么。枪声过后猎人剖开它的肚子,才发现它的肚子里已经有了一只小羚羊。可以说,这是母亲愿意为孩子付出一切的最好例证。

人与动物的不同,就是人不仅拥有生理与心理的需求,而且进化出了智慧的精神部分。对于人类母亲来说,对孩子的爱,应该升华到精神,那就是关注孩子的内心成长。

朋友的女儿出国留学。前些日子，她花了五十多天的时间做了一个实验，实验的结果却与她的预期完全相反。导师来看她，问："琛，实验结果怎么样？"琛如实回答。导师笑了笑说："其实我已经知道了。"导师把琛叫到办公室："你觉得自己失败了，是吗？"琛点点头。"不，不，不。"导师连连摇头，"我们都认为你做得很好，你很认真，也很专注。""可结果是错的呀！""是的，实验结果是错了，但是我们要看到，我们的研究是在与自然对话，而不是与人对话。如果与人对话的话，他们可能会向你妥协，为你让步，但是自然却不会。在自然面前，我们既不是朋友也不是敌人，结果是什么就是什么。实验结果和你的预想不同，那是自然给我们上了一课。我们要做的事情，只是继续与自然对话，直到得到自然的承认。"导师看看她，继续说，"要想做一个科学家，必须善于面对失败，这非常重要。只有用平静的心情对待失败的时候，才可以说我们真正开始走上了科学研究的道路。"

这位导师给予学生的关注，不仅是在于她的实验结果，而更多的是她内心的成长。他关注她内心的感受，让她不只是习惯于面对成功，而是学会面对失败的时候，不只是抱怨、失望甚至放弃。他让她对于这个学科、对于人生，都有了更为宏大的认识。

我想，我们应该好好思考一下这位导师的话。这样一位普通的导师，面对学生的失败，给予这样的引导，似乎是信手拈来。这也许就是两种文化的不同。但在中国的教育背景下，别说是父母、老师，就算是一位教育家，也未必懂得给予孩子这样的引导。

然而，对于每一个孩子来说，他们从小就需要这样的老师或者父母，能够引导和帮助他们渡过成长的困难。这样的方式，在我们小的时候未曾获得，但为了我们的孩子，从今天开始，我们需要学习。

五、爱是生命内在流动的感受

常常有家长问我，我们爱孩子，但却不知怎样去爱，怎样去表达！我想，这也许是众多父母所面临的问题。

爱是一种心灵的感受，一种美好而高贵的情绪感受。几千年来，无数文人墨客，用他们的文笔描述着人类内心的美好感受与情怀。同时，爱是人类生存的基本心理需求。但由于长期过于艰难的生存条件，我们失去了心灵的感受，也忽略了基本的心理需求。

这依然是两个频道的问题，一个是神奇而柔软的感受世界，一个却是冷硬而物化的理性世界。这两个频道似乎始终平行着，很少有真正的相交。我们以为自己在为孩子的生存和未来而努力，以为这就是爱；但孩子却感受不到，或者说他需要的不是这种"爱"。

所以，今天，我们要学习爱，学习回到心灵的感受上，学习让我们的爱像泉水一样流动着，流动于我们彼此的生命！如果说这是一大笔没有使用的资源和财富，它们可以给我们的生活和工作带来意想不到的帮助，如果说这笔资源可以通过我们的努力转化为财富，你相信吗？

六、爱是允许孩子表达内在真实的感受

在一次培训课程中，老师要求每人每天至少有三分钟的分享时间，将每个人的感受真实地表达出来。开始的三天，大家回答得非常踊跃，很多人都会超时，长篇大论地谈成长、心理和幸福。

第四天，在分享活动前，老师走向一个同学，并捏了捏他的胳膊，问道："什么感觉？"对方回答："有点痛。"老师笑了："我在前三天里，每天听到的都是你们的思考与分析，而非感受，没有一个人把自己内心真实的感受说出来。这也许与我们的生存环境有关。但是一个好的教育，它一定是能够帮助孩子清晰地捕捉到内心真实

的感受，而不是感想。感受可以让我们了解自己，领悟自己，并且很好地帮助自己……"

其实我们每个人的内心，每时每刻都有许多感受，比如高兴、愤怒、焦虑、无助等，但是似乎总有一个声音告诉我们："你不可以说出你的感受，你不可以表达你的感受，你不可以展现你的情绪。"因为成人觉得，情绪就像大敌，你怎么可以让别人看到？因为父母们太害怕了，所以我们从小就没有办法自然而真实地表达我们的需求，我们的情绪、感受，心灵从小就被压抑了。而代替这一切的，是理性的大脑。所以今天我们不会表达内心的感受，我们漠视内心的感受，当然也在无意识地阻碍孩子去表达，这是我们的思维惯性使然。

有一天，一个两岁半的孩子走到我面前，清晰自然地告诉我："今天我不高兴，我要你抱抱我。"当时我真的很感动，因为他拥有生命中的率真。我抱起他，他是那么自然地享受着我对他的爱。这种生命能量原本是每个人都拥有的，但是在一次次的被扼杀中，它不仅在我们的生命中消失了，而且我们还会去阻止孩子拥有它，致使我们无法看到它的美。

所以到了今天，当我们与心仪的"他"或"她"相爱的时候，我们是那么的扭捏，没有办法坦然地表达我们内心的那份爱，表达我们内心的激动、感激和欣赏。我们更无法表达对自己的爱，对自己的支持和对自己的感激。然而这些恰恰都是我们所需要的，是让我们的情感得以升华的基础。

七、生命的成长本应是"春风化雨"

《死亡诗社》是一部描写二十世纪五六十年代美国教育的影片。虽然是一部外国片子，但却与我们的教育现状有着惊人的相似。

片中讲述美国某著名大学的预备学院，以凝重的办学风格受到了当时人们的尊重，并且吸引了大量对孩子有较高要求的家长。他们认为，孩子自身的兴趣爱好以及内心感受并不重要，从事一个符合社会需求的职业才是最重要的。所以这所学校盛产银行家、医师、律师以及企业家。凡是能够在这所学校读书的孩子，都将是父母的荣耀。

整个学校实行寄宿制与全封闭式的管理，并具有严格的管理理念：传统、卓越、荣耀、纪律，它需要每一位学生坚守。大量的题海战术与死记硬背是老师们的主要授课方式。同时，这也是一所纯正的男生学院，女生一律不得入内。这一切，都让这群内心丰富、热爱生命的孩子，私下将这所成人眼中的荣耀之城称为地狱学院。

新学期开始，学校为孩子们请来了一位英文老师基廷教授。他曾经也是这所学校的学生。但出人意料的是，基廷并没有延续学院原有的沉闷教学方式，而是以他独特的方式，深深地打开了孩子们的心扉，并让孩子们学会体验生命，了解人性的美妙。

基廷首先要求学生称自己为基廷先生，或者"船长"，并提倡"及时行乐，活在当下"的生活态度，这犹如一根火柴点亮了孩子们的心。

长久以来，这群孩子都是严格按照教科书的要求，以极其理性、公式般的方式学习诗歌。而基廷却让他们抛开这一切束缚，去寻找自己内心的情感，并站在讲台上大声地表达出来，突破自己对情感、对内心真实感受的压抑与恐惧，鼓励孩子从那些毫无价值和令人难堪的心态中走出来。

基廷让每一个孩子高高地站在课桌之上，体验那种新角度带来的新视野，以及看待人生的新方式，并在这种体验下，寻找内心真实的自己。

基廷将体育、音乐和诗歌融为一体。孩子们在激昂的交响乐中大声地朗诵一句诗歌，然后带着所有的力量与激情，将球踢出。

基廷让孩子们以不同的方式和节奏行走，去寻找自己内心真实的感受，将注意力收回到对自己的了解上，而不是在乎别人如何看待自己。

基廷用激情四射的语言给孩子们讲述如何为自己的所爱、为自己的生命谱写诗歌："学习独立思考，用文字与思想改变世界，使生命存在，同时也让你的生命超凡脱俗，因为人类充满了激情！"

这一切，使孩子们丰富的心灵重新涌动并焕发活力。影片最终以家长的投诉、校方的震怒以及基廷的离开而结束，但我们依然看到这一幕：孩子们不顾权威的阻拦，勇敢地站在自己的桌子上，用自己的方式与船长告别，并表达着对基廷的爱与感激……

影片的结尾，镜头久久地停留在了站在桌子上的那群孩子身上，我的思绪也久久地停留在那一刻。

成人对孩子了解多少，又愿意了解多少。正如影片中的一个孩子，他两年的生日礼物是完全一样的——他并不喜欢的精美文具套盒，父母也并不知道他的真实需求是什么，内在的感受又是什么。孩子们的父母有钱、有地位，他们将时间交给了社会，将期待留给了孩子，并用钱和礼物取代了对孩子的爱与关心。

教育者同样为了自己的荣誉而要求孩子，成绩与名次扼杀了多少内心丰富而美好的孩子的前途！聆听和理解并教育孩子正确表达自己的感受，是我们教育体制中匮乏的部分，而心灵的感受却是人类共同拥有的特质。

八、爱是倾听孩子的生命

透过眼睛产生心灵的连结

众多的家长都知道，所谓自闭症儿童的一个显现特征，就是不与人对视。这意味着一个孩子将自己的心灵封闭了。眼睛是心灵的窗户，这句话毫无疑问是真理。所以，爱能够从眼睛中流出，这爱就是儿童尤其是婴儿送给成人最好的礼物。

记得几年前，餐厅里有位妈妈抱着一个七八个月大的孩子。孩子在妈妈的腿上高兴得一跳一跳，并且眼睛始终对着一个方向充满喜悦地笑着，似乎看到了什么很好的事情。出于好奇，我的眼光也随着他的眼睛看去，仔细观察，除了一群年轻人在有说有笑的吃饭，并未发现什么。可是这个孩子却好像是看到了更美妙的东西，始终快乐地看着那里，很久很久，这让我越发好奇。于是，我走上前向孩子的妈妈做了仔细的自我介绍，然后申请抱抱这个孩子。当这个孩子被我小心翼翼地抱在怀中的时候，孩子的眼睛开始看向我，同样的喜悦从那双纯粹的眼神中流露出来，湖水一样清澈的眼睛充满着一股深度宁静的爱意，那一刻真的是震慑了我的身心。我知道，那就是生命中所拥有的无条件的爱。

但是，对于成人，眼睛早已成了遮蔽成长中内心遇到的恐惧和伤痛、防御外在世界的一样工具。所以，我们失去了透过眼睛表达爱的能力。我的一个朋友比较洗好玩乐，孩子五岁以前，她并没有认真带过。之后，由于婚姻的问题，朋友接触到了自我心灵成长的课程。近两年的成长中，朋友发生了很大的变化，她六岁的儿子有一天突然很认真地告诉她："妈妈，你终于看见我了，终于看见我了。"

朋友惊讶地回应道："妈妈以前没有看见你吗？"

儿子确定地说："没有。"

儿童的到来，就是需要我们透过他们天使般的眼睛，重新去感受爱从其中流出。倾听，我们首先需要让自己可以用心去正视对方，然后逐渐让爱在其中流淌。

透过言语听到到孩子的情绪

自闭症儿童的第二个明显特征，就是听不见别人对他说什么。这并不是因为他们听力本身有什么问题，而是由于心灵的封闭，导致语言无法流入他们的内心。所以，听，不仅仅是被耳朵听见，更重要的是，透过感官，将交流的言语流入自己的内心深处。

在信徒每日的礼拜仪式中，有一个必不可少的动作，就是将双手轻轻地放在耳边，全神贯注倾听上帝的指示。其实，就是让每个人透过这样的礼拜，去倾听自己内在的声音，并获得生命内在的宁静。

但是，大部分人在成长的过程中，已经丧失了听的能力。即使他们的感官功能并没有问题，他们也从未听到别人真正所说，更谈不上倾听到自己内在的声音。

一天傍晚，楼下传来一阵阵孩子的哭声。哭声中带着恐惧、无助，并且声音越来越大。"妈妈等等我。""呜呜呜……抱我。"孩子绝望地大声叫着。我立刻奔向阳台，想看看发生了什么。妈妈在前自顾自地走着，任凭孩子怎么哭喊，始终不停步，不回头，并愤怒地大声说："让你不回家，你就一晚上都别回。"那内在愤怒的能量伴随着冷酷的言语，充斥着整个小区。一个三岁左右的孩子在离妈妈二十米远的后方小跑跟着，听到妈妈的话，孩子更加惊恐地大哭。

那一刻，任何一个略懂儿童心理的人都知道，孩子处在高度的恐惧中。孩子哭声背后隐藏的台词是："妈妈，我很害怕，天黑了，你不能抛弃我，求求你妈妈，等等我，抱着我，我需要你的保护。"为什么那位母亲听不到孩子内心的祈求呢？因为在那一刻，母亲已经被自己愤怒和无助的情绪完全掌控，从某种角度来说，母亲也变成了孩子，因为她被一个三岁的孩子激怒了，并且加入了这场战争。

很多的时候，我们难以透过彼此的言语听到彼此内在的情绪，成人无法听孩子，当然成人也更无法听成人和自己。这一切因为，我们的内在被自己的负面情绪所牢牢控制，除了陷入其中，并没有能力觉察、接纳，继而离开它们。

当我们被困死在情绪中的时候，当我们的耳朵和心灵被坏情绪肆意侵略的时候，又怎能倾听到孩子内在的情绪呢？

前两天和几个很久不见的同学聚会，席间一位同学诉说了一件自己一直以来感到不公平的家事。话音未落，另一个同学进入了角色，拿出国际警察的势头，对他说的评头论足，看似帮助，实则教育。不一会儿，双方的观点发生了分歧，对抗的能量立刻包裹了我们的餐桌。

"他只是感到不公平，有些委屈，想在好朋友面前倾诉一下。"

听到这句话，大家先是一愣，那位倾诉的同学连连点头："是是是，就是憋得慌，想对你们说说。"评论的同学也突然恍然大悟："喔，原来是这样！"饭桌上又恢复了亲切和热闹。

被有效地用心倾听，是每一个人的内在需要。当对方的语言和情绪从你的耳朵流过，流入你的心，然后被接纳和理解，爱和信任就从彼此的心中升起。

透过身体的接触产生心灵的连结

许多年前，有一部港台爱情片。故事很普通，主人公是一个事业有成的美丽女子，却一直很难得到自己的真爱。一次，女子要参加一个设计比赛，其内容是要设计一款绝世胸衣，让女人穿上它的时候，身心都有被滋养的感觉。主人公的设计由于缺乏灵感，始终无法获得突破。直到她在遭遇波折之后，遇到了自己心爱的人。当心爱的人从她背后拥抱她的时候，并用双手轻柔而安全地托住女人的胸，那一刻女人突然感受到，身心瞬间被一种接纳和关爱的能量包裹着，这就是她多年渴望拥有的爱情。女人灵感大发，将男人双手托胸的角度以及自己当时内在温暖的感觉作为自己设计的元素，其结果是设计出了一款绝世胸衣。

我们都知道，人们只是借助于某种外在的事物来寻找内在的渴望。当我们得到了一个充满关爱的拥抱，我们的生命就会发生巨大的变化。一次，一个学员很认真地问我："王老师，为什么在和你与孙老师的拥抱中，有一种巨大的能量会真实地传递到我们的身上，并让我们的内心感受到一种巨大的滋养。"

"是爱，没有任何杂念的爱！"学员们没有立刻反应，但我知道，所有的人内心都明白这是真理。那么这种爱的能量又是来自于哪里呢？毫无疑问，来自于儿童那种充满灵性且无条件爱的滋养和引领。本书引言中那个叫吉吉的男孩给我的，就是这样的爱的滋养和引领。

亲人能够做到吗？爱人能够做到吗？不，只有孩子，只有孩子才可以做到，因为成人的生命早已失去了这种充满灵性的、无条件的爱，而孩子的使命，便是唤醒我们生命的内在。

所以，当我们真正走向生命内在的时候，带着自己内在的爱，用我们的身体以同样的方式回馈孩子，并且彼此透过身体产生心灵的连结，那么倾听就再次走向内在更深的地方，当然爱也被送往内在更深的地方。

感觉对方的内在的感受，并让彼此的感受产生连结

人们拥有丰富的内心世界，那么就一定拥有丰富的内在感受。儿童自出生便是透过五种感觉来探索这个充满新奇的世界，而成人却已经习惯于用理性的头脑分析这个充满争斗的世界。这让成人和儿童戏剧般地走在两条轨道上。

体察自己内在真实的感受，并一致地表达出来，感受到对方的感受，并理解那种感受，这个看似简单的问题，却在成人世界的沟通中显得那么艰难。一位妈妈在听完一次讲座后，痛苦地说："我还是不知道怎样爱我的丈夫。"于是，我们将令她痛苦的事件展示给她看。丈夫独自开车出去，夜里两点还没有回到家，并且手机在关机状态。妻子无法入睡，在客厅一直等到夜里三点，丈夫回来了。妻子站起身来愤怒地大叫："你干什么去了，你这个神经病，你不要回来了，你给我滚出去。"丈夫被推了出去，妻子以为丈夫会认错，没想到丈夫转身就走了。

在反复核实这个妈妈的感受后，我们知道她内心在那一刻更多的是担忧与紧张。丈夫这样的状况并不常见，她担忧他出现意外，因为她深爱他。但是，那一刻，甚至在之后的日子里，她都无法对丈夫坦诚并真实表达自己的感受："你回来得太晚了，又关了手机，我不知道会发生什么事情，所以我因担忧而生气，因为我爱！"而对于丈夫，他能够听到的也只是妻子被情绪左右时的那些话，并不能感受到妻子话语背后的心情。冲突就这样不断地发生着，因为成人没有勇气面对自己的内在感受，并在逐渐遗忘它。

但是儿童生命的美，却在于他们拥有生命中最为美妙的感受，并可以完全地表达出来。

一天早晨，一个睡眼惺忪的小女孩站在我的办公室门口，大声说："老师，我要你抱我，我很累。"抱起这个不到三岁的孩子，看着她安然地、松软地睡在我怀里，我能够感受到孩子对自己的感受表达得有多么准确。她并没有哭闹，而是选择了准确地表达自己的感受。这有一种生命与生命之间的坦诚与真实感。说出自己的感受，并感受到、理解到对方的感受，这就是一种生命的美感和连结。而如果想从小就能够让自己的内在做到这样的一致，儿童必须拥有内在的自我。

纪录片《我们的宝贝》中有这样的场景：六岁的姐姐腿摔坏了，非常难过和沮丧。此刻三岁的妹妹走了过去，轻轻地用嘴吹着姐姐的伤口，似乎在说："一定很痛吧，一定很痛吧！"并且用小手轻轻地抚摸着姐姐的另一条腿。当姐姐感受到妹妹的关爱，她们亲密地亲吻着对方。画外音讲到："虽然她感觉不到姐姐的疼痛，但是她知道姐姐此刻心情沮丧，她相信自己能让姐姐心情好一些。所以，自我意识的建构，能够使儿童最终考虑到别人的感受，并能站在别人的立场设身处地地为别人着想。"

正如影片中所讲，若想感受到别人内在的需要和感受，那么首先要清晰感受到自己的内在感受。这样的生命状态主要来自于孩子在三岁以前自我的建构。想想今天的教育，除了看重孩子的技能之外，又有多少时间允许孩子表达自己的内在感受，从而学习倾听自己、倾听别人的感受呢？

其实，面对生命，倾听无处不在。记得童年的时候，当清晨一睁开眼，你就能听到窗外那清脆的鸟叫声。于是，你什么也不管，跟随那自然之声，任凭妈妈怎样呼喊，你都会去聆听那鸟儿对你的表达。于是，一切美好和爱意都在你的心中升起。正如《声梦奇缘》一片中在孤儿院长大的小主人公，他将自己对父母的渴望与爱，寄托在所有的声音中，并用听到的一切声音创作着独特的音乐，最终找到了自己的父母。

所以，倾听就是将自己的专注力高度集中在某个事物中，将自己内在的生命打开，带着一份好奇和接纳，带着一份身心合一的爱去感受事物。不作任何评判，只是聆听、观察和接纳。并让这一切都如同水一样流动起来，流动在自己的内在，也流动在对方的内在。

我们可以倾听自己的呼吸，自己的心跳声，自己某一时刻的情绪变化以及我们内在的声音；与此同时，我们也将学会用这样的方式去倾听我们的孩子，倾听我们的家人，乃至倾听一朵花、一棵树、一阵风，倾听自然万物。爱也就这样在我们的内在，在我们的生活中自然流淌起来。

如果我们带着这样一份宁静和接纳的心，去倾听我们的孩子，那么，我们的孩子无疑也获得了一份生命的爱。我们也在悄然中赢得了孩子对我们的信任。生命与生命的连结就自然产生了。爱，也已在这样的连结中付诸行动了。

九、让爱苏醒

在教育的道路上行走这么多年，我越来越坚定地认为，知识并不是生命成长的主旋律。让生命原本的潜能得以发展才最重要，潜能发展的起源就是儿童丰富的感受能力，它是上苍赋予我们人类的生命宝藏。在原始的感知能量的触觉中，生命的美以立体的方式呈现出来。

时刻了解自己的感受，是自己与自己有连结的体现。为了让我们习惯用大脑充分体验感受的美妙，了解孩子眼中、手中、心中的世界，就请大家和我一起做个练习吧。

练习的要求：

1. 将自己的身心安静下来，放松心情。让自己暂停与外界的一切事务联系，关闭手机。

2. 选择一个搭档，男女不限，只要你愿意与对方共同参与练习。若是夫妇两人，效果会更好。

3. 选择一间不受干扰的房间。

4. 所需要的材料：

① 电视和影碟机，选择一段彼此喜欢的影片，时间为五分钟。内容仅限：自然风光、经典舞蹈、动物世界。

② 音响，选择一段音乐，时间为三分钟左右。内容：节奏舒缓、旋律优美、有良好的视听效果。

③ 一束鲜花和一支鲜花。

④ 一杯白水、一颗荔枝或一块糖。

⑤ 一个眼罩（互动时需要两个）。

练习准备开始：

看——选择自己将要观看的五分钟影片，一切准备就绪。将房间所有的灯关闭，寻找一个舒服的坐姿。做三次深呼吸，让自己身体的每个部分都安静下来，让自己的心也放松下来。按播放键，让自己全神贯注在眼前的片子上，以充分体验生命的美妙。

听——请继续准备好所要听的音乐。将房间所有的灯关闭，播放音乐，全身放松躺在地毯上，然后闭上眼。让音乐充满身体的每个部分，用耳朵充分去听，用心充分去感受。最后，用身体的每个部分体验音乐与自己的连结。

闻——接下来，请打开灯，最好在眼前出现早已准备好的鲜花。但此时，你不是去看它们，而是将眼罩戴上，以久违的方式去感受鲜花所带来的感觉，让嗅觉在完全孤立的状态中去体验一枝花与一束花所馈赠的礼物。也许就在那一刻，儿时美好的记忆和恋爱时的甜美将统统涌来，你将再次领略生命的鲜活。

品尝——就在这种淡淡的兴奋之余，摘下眼罩，用心去喝那杯白水，再用心去品味那颗荔枝。那份甘甜，那份水香，也许在你忙碌的生活中早已遗忘。

触摸——当这一切激起你内心那种美好以及柔软部分的时候，请你们彼此再次戴上眼罩，面对面地坐在一起。然后怀着刚才对生命的美好体验，双手轻轻地抚摸对方的脸颊。轻轻地、柔柔地，如同母亲对孩子的抚摸。

在整个触摸中，请你高度觉察自己内心的变化，尽量让自己达到放松状态。大约三分钟后摘下眼罩。那一刻，练习并没有结束，你试着用眼睛来表达自己的感受，去发生一个连结，你也许可以完成心灵与心灵的对话。

第五章

尊重生命，让孩子成为自己！

  一个有着美丽翅翼带着爱的使命的天使来到人间。在生命内在指引和大人只关注认知的冲突中，那颗他从宇宙中带来的精神种子终于停止生长，渐渐枯萎。在成人的世界中，他是个成功者，然而他却常常空虚无助。后来，在一条生命内在成长的道路上，内在的生命终于觉醒，他如同获得了新生。

第一节 也许是我们的父母，也许是我们自己，也许是我们的孩子！

一、在宇宙之光中诞生

光，明亮而交织着，由白变蓝，由蓝变紫。白是那么清澈，蓝是那么深邃，紫是那样剔透。

爱，弥漫在整个空气里，散落在每一个角落，围绕着每一个人。

海，宁静而包容，一眼望不到边际，只有那一片湛蓝进入眼帘。

花园，安逸而祥和，花朵与绿树相互欣赏。

男人，被白色长袍包裹着健壮的身体，悠闲地躺在树下的摇床上。

女人，被如海水般的蓝缎包裹着柔软的肢体，优雅而宁静地编织着。

孩子，被光围绕着，一身洁白，让你永远想不到有黑。

无论男人、女人，还是孩子，他们都有一对可以自由飞翔的羽翼。

……

和每一个天使降临人间之路一样，郝经过一条光之路，进入自己选择的那个母体。十月生长之后，郝出生了。

二、精神种子的萌芽与成长

郝的生命，是带着使命而来的。宇宙赋予郝的生命资源，丰富而完整，灵性的能量便是其中最重要的。这种能量，让郝还在母胎中的时候，就对母亲的很多情感自然知晓。这正是神奇的造物主的一种恩赐，让郝更好地体会与母亲一体化的感觉。这种一体化的感觉就是爱的基础，所建构的亲密关系，是这个宇宙中最为高级的关系。

从一个世界来到另一个世界，郝依赖着宇宙所赋予的灵性，按照它所指引的道路，建构自己生命的内在世界。① 在这个内在世界中，有一颗精神的种子，需要发芽和长大，就如同郝的身体，需要在成人的照顾下逐渐长大一样。

这颗精神种子的成长之路，首先是感觉的发展

郝用眼睛专注地看着妈妈，专注到不顾这个世界其他所有的存在，并用眼睛和妈妈保持着爱的连结。每当妈妈也用眼睛带着笑意看着郝的时候，他会感觉到如同在母胎中一样的温暖和安全。这种温暖的、安全的、爱的感觉，像养分一样，滋养着郝内心那颗精神的种子。郝还会用自己的耳朵，去聆听妈妈的心跳；用自己的鼻子，去感受妈妈身上的味道；用自己的小嘴，去吮吸妈妈的乳头；用自己的小手，去触摸妈妈的皮肤……这一切，都让郝感受着与妈妈生命的连结和亲密。就如同郝从天国出发前，看见自己的爸爸妈妈在最为相爱的时候，那种亲密的身心连结一样。就这样，郝在悄悄地发展他的感觉，并感觉到各种养分，让种子茁壮成长。

精神种子的成长，需要情感的满足

"这孩子，怎么这么黏人呢？"这是妈妈经常挂在嘴边的话，语气有时候是幸福的，有时候是烦躁的。

---

① 参看孙瑞雪《爱和自由》中对精神胚胎的阐述

可是对于郝来说，这是一种理所当然的需求。他每时每刻都渴望和妈妈在一起，就如同在妈妈肚子里一样。外面的世界，硕大而空旷，只有和妈妈的心通过爱连结在一起的时候，郝才会感到自己是安全的。并且，郝渴望爸爸妈妈接纳自己，不论自己看上去漂亮与否。当然，爸爸妈妈会觉得郝有一些这样那样的缺点，或者说是不符合他们期待的地方，但郝认为，这就是独特的自己。当郝感到大家都用心接纳自己的时候，他就能够感到自己有了一个身心可以归属的港湾。在情感的发展和满足中，他还需要爸爸妈妈无条件的欣赏和爱！

精神种子的成长，需要发展自己的身体

从爬、坐、走、跑、抓、扔……到长高长壮，这些可见的身体发展，通常会很容易被成人留意到，也被大多数成人列为最为关注的育儿指标。但很多内在的看不见的东西对于身心发展的影响，却实实在在地存在着，却很少被成人意识到，比如，情绪与心理对于身心的发展就至关重要。人喜悦的时候，身体就有一种松软通畅的感觉；而受到惊吓和被冷漠的时候，身体就会变得紧绷而僵硬，气息会被阻塞。很多时候，郝的全身都被这种感觉包裹着，但成人却并不在意，也不知道郝所承受的这种痛苦！

精神种子的成长，还需要有美好的氛围

很长一段时间内，郝每天晚上都被暴露在一盏刺眼的大白灯下，那光线似乎亮得刺进了心里。郝在这光线下，被大人抱着走来走去，而大人很多时候，是焦虑和烦躁的。这刺眼的灯光和那焦虑的气氛，让郝的身心也开始烦躁。郝用哭声来提醒成人："我不喜欢这样的环境！"但可惜，成人并不能感受到郝的感受，他们听到哭声更加烦躁。两种焦躁在不知不觉中，相互影响而不断升级，直到郝哭累了，睡着了。于是，成人们总说郝是个爱哭难带的孩子。

而对郝来说，他敏感地感知到周围环境的信息，比如光线、声音、气味、色彩、温度以及自然和空气……每到天黑的时候，郝总是希望有一盏灯，发出微微的黄光，照得屋子里非常温暖。光在墙面上留下明暗相间的影子，就如同又回到孕育自己的那个气泡中。在这样的灯光下，他更容易香甜地入睡。

可见，精神种子在成长中是需要养分的，这颗种子所需要的精神养分，正如身体需要物质养分一样。等这颗种子发芽后，他将慢慢开始与外在世界产生交往，扩展自己的空间，获得更多的养分。

上述所有的成长要素，在成人的引导下，孩子反复练习和吸收后，将整合成自己的体验。然后，孩子开始进入抽象认知的阶段。

三、成长中精神能量的流失

如果按照生命成长的自然轨迹发展，这生命本身就是一个完满的故事——这颗精神的种子，在漫长的成长过程中，渐渐长成郝生命中精神的自我。然后由这个健康而饱满的精神自我，再去探索那未知的、硕大的外在世界，郝就会感到内心始终有力量，并且可以清晰地知道自己的需求，而不会迷失自己。这条由宇宙赋予的灵性力量所指引的成长道路，是所有孩子原本应该遵循的自然成长之路。

但在这一过程中，麻烦出现了——不管是郝还是其他孩子的成长，总是被成人的期待或自以为是的想法，带入歧途。

成人根本不明白郝的成长之路，他们不喜欢郝缓慢和深入的探索，他们习惯认为，儿童应该如同他们一样，快速地发展认知。例如，学10道数学题，背5首儿歌，表演1个节目，见人懂礼貌……成人对儿童除认知之外的其他部分，比如身体、感觉、情绪、心理和精神等方面的发展与成长，基本上是无知的。并且，成人想当然地认为，只要有好的头脑，就拥有一切。

郝刚过了两岁的生日，妈妈就经常有意识地把郝推开，说："你要自己走，不能总是拉着妈妈！""来，跟妈妈学数数。""人家的孩子都会表演节目了,你什么时候才会呀?看你怎么总是这么慢,这么呆,就不会像别的孩子那样会说话呀!"

一方面是自己生命内在灵性的指引,让自己专注、宁静、缓慢地按照自然规律来成长;另一方面是成人外在的强迫和要求,让郝单一地发展认知。在这两股力量的斗争中,以郝当下的内在力量,显然是抵挡不了来自成人的强攻的。于是,郝被成人牵引着,偏离了原本的生命成长的自然轨迹。

那颗精神的种子,停止成长,并在逐渐枯萎。慢慢地,郝的感觉不再有探索和成长的空间,渐渐地麻木了。郝的情感需求得不到满足,匮乏得如同一个个黑洞留在了身体中……高强度和抽象的头脑认知的压力,让郝的身体越来越僵硬,好似穿上了一层厚厚的盔甲。

郝失去了全身心开放的感觉、爱的感觉、内心的自由,同时也失去了那个精神的自我。但是,郝获得了现实的成功!这虽然是父母所期待的,却未必是郝本身所期待的。从前那个充满灵性的自我,寻无踪迹!

四、觉醒

在成人的世界里,郝是一个实实在在的成功者,金钱和权力一样都不少。在求得生存的游戏中屡战屡胜,这无疑使他获得了满足感。但奇怪的是,当独处的时候,郝却常常感到空虚和无助,如同掉进完全没有倚靠的深渊。郝不知道,到底是什么让自己有如此糟糕的感受。

"活着的意义到底是什么?"

回望自己走过的路,似乎生命留下的只是能够让身体存活的特质,如此枯燥、单调、乏味。有人对郝说,其实生活可以更鲜活、更饱满。郝努力寻找,却找不到鲜活和饱满的生活。也许,在郝的生命中,有些部分已经丧失了——他已经不再会享受音乐的美妙,已经很久没有体会颜色和味道带来的新奇，已经不知道环境中的光线怎样影响情绪，已经不再表达自己内心真实的感受，更不要说识别并了解自己的情绪与感受。

郝只知道，焦虑、恐惧、伤心与痛苦代替了快乐和喜悦。与此同时，郝疯狂地限制着自己的各种感受与情绪，他不想让任何人知道自己的内心世界。当然，郝也并不知道，这样的行为，实质上就是自己手持尖刀对准自己的心灵，一刀一刀地切割。

生命内在原本是一个完整的系统，可以用身体、思想、情感、感官、交往、环境、心灵等各个部分，为自己的生命与生活画出一个饱满的圆。但是，由于成人对于生命内在成长的无知与揠苗助长式的误导，致使很多孩子在成长过程中，与自己内在的某些部分分离了。于是，他们只能为求得生存而活下来。他们失去了对自我的把握，对自己的接纳与欣赏，对自己的感激与滋养。更重要的是失去了那颗自由的心。如同郝一样，他们的心灵在成长的路途中，被做了内切割手术！留下的仅是虚假完整的躯体。

但是，生命有种美妙，即使你只活在躯体中，但只要有一天你开始发现自己的不完整，开始有勇气探索你的内在，那么内心的召唤就开始升起：

"活着的意义是什么？你知道你是谁吗？你是否真正活出了自己？"郝知道能够为自己做的，就是找回遗失在成长路上的某些部分，并重新创造那个完整与圆满的自己！

在向内走的路上，郝开始拥有了一些之前从未有过的体验，这些体验让他开始接触到物质世界之外的另一个充满灵性的世界。在那里，并非真实或者梦幻，而是一种爱的连结与意识的转化与提升：张开双翼的守护天使似乎就在身边，郝能够清晰地看到那宁静如水的肢体，感受到充满爱意的气息。一种无声的神圣与光明，让郝感到一种久违的生命力量正在慢慢注入自己的心扉，从未有过的温暖、被爱的感觉，清洗着内在深深的委屈。一切无言，生命的赞歌从内在升起，郝沐浴在爱之光中……一切似乎正如很久以前那段光的隧道，也如同新生命正在诞生。

爱，满满的浓浓的爱包围着郝！

郝颤抖不止，泪流满面，他无法思考，熟悉的语言也瞬间消失。任凭双手绽放，去拥抱整个世界，去迎接自己的新生命！

很久很久，郝慢慢地平静下来。他没有留下天使，但在他的意识中，却真实地留下了天使给他的信件。

亲爱的朋友：

你好吗？

你很幸运拿到了这封信，因为你用你的勇气和决心，重新赢得了一盏指路明灯。

在每个人的成长道路上，都会遇到各种各样的问题。从你出生到此刻，无数个痛苦的事件将你的生命填满。为此，你忘记了生命中原本拥有的某些部分，这让你找不到幸福感。如果你渴望重新寻回生命中丢失的部分，那么你需要为自己做些事情。

这是一次英雄之旅，换句话说，你将是一位冒险家，你将探索多年来生命中的未知点。而这些未知部分看似不像美丽的鲜花、宁静的湖水，却更像是一片黑暗、一段沼泽地或是一座被冰雪封冻的房子。

说到这里，你可能会骂我："你这个傻瓜，你让我去寻找幸福，却怎么像是受酷刑，它比我现在的生活看上去更加糟糕。"

是的，当我们走上这条探险之路，一定会看到一些景象，它们是我们曾经不愿看到的，或者是我们看到却假装没有看到的，或者是我们压根儿就不想看到的。但这些正是我们生命中的障碍，它们就实实在在地存在于我们的探险之路上。踏上这条路，正是要发现它们，穿越它们，走向光明！

我保证，如果你遵照以下所说，你就会比较顺利地通过它们。

第一，当任何一个让你看见或感受到的障碍出现的时候，你首先不要否定和拒绝它们，而是去面对它们，邀请它们喝杯茶。

第二，当它让你开始难受的时候，你不要抱怨和害怕，而是让自己停留在那一刻，感受自己在当下的存在，并尊重它们的存在。

第三，当这些障碍开始让你回忆起你曾经受过伤害的事情，并且再次将你带回到那种感受中，让你开始变得脆弱不堪时，你千万不要生自己的气，不要让自责与内疚困扰你，而要接受和认同它们。

第四，当它们表达它们愿意和你同在，但那种同在的感觉让你感到从未有过的混乱，你甚至觉得自己好像无法思考，有种迷失了的感觉的时候，你也不必惊慌，而是要感谢它们给你带来的一切感受。记住，只是感谢！

第五，当它们开始拼命挽留你的时候，切记切记，不要与它们纠缠，而要友善而坚定地与它们告别。

第六，当你告别之后，心里却感到空荡荡的，不知所措，那么，你也不必疑惑。只要你坚定不移地继续前进，而不是回头留恋，你就会获得一份更适合你的新礼物。

说到这里，你也许还是会有许多疑问：怎样的障碍会让自己感到害怕而不能面对？怎样的状态又会让自己那么脆弱和混乱？为什么它让自己脆弱与混乱了，却还要感谢它？为什么告别了却还会回头留恋？……

是的，这些问题是存在的。我将可能出现的障碍列了一份清单，看看这份清单是否可以帮你了解更多的信息，并且帮你做更好的准备。

一生中的丧失清单

在每个人的一生中，从出生到此刻，都会经历无数的变化，或喜悦，或哀伤。这份清单记录了我们曾经的痛，虽然它会让我们痛苦，但是它却是我们实实在在经历过的！

这是我们的历史。每个人都会有历史，我们需要对我们的历史有所了解。而这条历史线,却是记载了每个人的丧失与创伤。如果你能够清晰地了解它们,尊重并接纳它们时,你就能够真正与它们告别。无论多难,请你鼓足勇气看下去,你一定会有不同的收获。

在看之前,请你先深深吸一口气,带着对自己的尊重,对自己的欣赏,对自己的爱,慢慢看下去,不必害怕,不必紧张,因为我与你同在!

丧失一:当你从天国来到人间,在你妈妈肚子里的时候,你可能没有获得你想象中的欢迎。因为你妈妈由于各种原因还没有为你的到来做好准备,她的情绪很差,她不太想你这么快地来临,但你却不能再返回天国,所以你冥冥之中有被抛弃的哀伤,你觉得你带着爱而来,却失去了妈妈的迎接。

丧失二:在你的童年,你因为不是预想中的男孩,或者,有人比你的亲生父母更加需要一个孩子,所以你被抛弃或被送给了人,你失去了与亲生父母一体化的机会。

丧失三:在你的童年,你生了一场大病,让你留下了一个终生的印记,这让你失去了身体的完美。

丧失四:在你的童年,由于种种原因,你没有获得无条件的爱和有效的呵护,并且没有体验与父母同在的感受,所以你失去了最早的安全感。

丧失五:在你的童年,你常常看到成人们的争吵、伤害、忙碌与焦虑。你失去了父母的陪伴,同时也失去了对爱的体验。

丧失六:在你的童年,因为你的父母感情不和而常常大打出手,最终,他们分手了。无论你是陪伴母亲,还是跟随父亲,或者被寄养于亲属家,你的心中都丧失了家的完整性。

丧失七:在你的童年,由于你被大人处处限制无法拥有自由玩耍、自由探索的机会,你那与生俱来的创造力也从你的头脑中悄悄溜走了,即使你现在看上去很成功。

丧失八:在你的童年,如果你表现得很出色,你就成了父母炫耀的道具或资本；如果你不如亲戚或朋友家的孩子优秀，你就始终是那个比较之后被贬低的小家伙。你失去了良好的自我价值感，失去了内心的自信，自卑成为你忠实的伙伴，即使你外表看上去相当自信，那也只是自欺欺人，因为它时刻从内心深处嘲笑你！

丧失九：在你的童年，也许因为你父母的问题，你的家庭被亲戚朋友排挤，并且这种排挤让你感到这个世界毫无归属感和信任感，你有可能丧失对他人的信赖与亲密感。

丧失十：在你的童年，最能够爱你欣赏你的人、关心和呵护你的人离你而去，让你所有的甜蜜感受戛然而止，从此你心无所寄！

丧失十一：在你的童年，尤其是最初的六年，你的母亲忙于工作、打理家务、生养孩子，总之，在你需要她时，她经常无暇顾及，你随时都在体验被抛弃的感觉。你丧失了一个又一个与母亲连结的时刻。

丧失十二：在你的青春期，你喜欢上一位异性。就在你们彼此表达着美好感受、憧憬着美好未来的时候，老师的讽刺、同学的嘲笑扑面而来。你们甜蜜的初恋就这样毁灭了，你怅然若失，失去了年少时的阳光与勇气，对于爱情有一种潜在的负罪感。

丧失十三：在你的青春期，你开始拥有自己的梦想。也许你想成为一名出色的艺术家，也许你梦想成为国际象棋冠军，也许你想成为一名赛车手，也许你想成为专业的舞蹈演员或者现代派的演奏家，也许你期望自己在自然中研究昆虫，也许你更想成为……无论怎样，你希望能够遵循内心的意愿去实现自己的梦想。但是，如果你的梦想与你父母的期望正好背道而驰，要么你坚守自己，却从此失去父母的支持；要么你就此放弃，将自己的梦想变成童话，而将自己重重地摔在现实的地板上，去实现父母一生渴望但又未能实现的期待，从此，你在不属于你的快乐中怀念着自己的梦想。你有可能已经失去了自己，但你并不知道。

丧失十四：在你的青春期，也许贫寒的家境让你在同学面前显得过于寒酸，不时出现的尴尬让你对金钱有一种巨大的占有欲，并且从此产生一个信念：金钱是一生中最重要的东西。为此，你可以付出一切。

丧失十五：在你的青春期，你成了老师"恨铁不成钢"的典型。因为你聪明，但却没有表现在你的成绩上，不管你玩出什么新花样，老师都认为你是不务正业。老师为了表达对你的爱，对你的关心，很多时候都用羞辱的方式来激发你对学习的斗志，以让你彻底醒悟。也许你从此发生改变，以优异的成绩回报老师和家长，但内心那份耻辱感却时隐时现，挥之不去。

丧失十六：在你的青春期，你渴望同学朋友的了解和认同，渴望与他们建立深厚的友谊。但不知为什么，结果往往适得其反。你经常被同学们以刺耳又尴尬的绰号替代真名实姓，你想反抗，却遭到孤立。自此，你失去了在同学中的尊严感。

丧失十七：在你的青春期，你最好的伙伴或兄弟姐妹，由于意外而永远离开了你，你的内心深处怎么也无法原谅那个造成意外的人。你失去了生命中的部分快乐。

丧失十八：在你的青春期，你渴望自己成为白马王子或白雪公主，但基因决定你只能是一只丑小鸭，为此你感到深深的自卑，丧失了在异性面前的自信心，以至于每每遇到心仪的异性时，你总会觉得自己配不上对方，首先在心理上败下阵来。

丧失十九：在你的青春期，你是多么希望父母和老师能够给予自己更多的认同和欣赏，能够让你体验真正的满足感，让你在众人面前显得淡定自如。但是，事实并不尽如人意，你依旧没有得到认同和欣赏，当然也不能获得从容与淡定。

……

当你成人之后，你以为新的生活开始了。但这些曾经的创伤如同原子弹爆炸一样，留下了诸多被辐射的印记，它们悄无声息地影响着你的言行举止。一旦你遇到一个与过去相似的经历，那个创伤感就会立刻从你的背景走到你的前景,你瞬间就从一个成人回到了童年。那一刻,你的内心是那么的不堪一击,即使有强大的外表,也无法包裹那颗脆弱的内心。你只有躲避,只有自欺欺人,甚者用各种各样的方式来麻醉自己,仿佛这样才能让自己好受一些。

现在,如果你确定想为自己做些事情,想获得改变,想寻找属于你的幸福,那么,就请准备一下,踏上你的探索之路,愿你成为一个真正的冒险家!

最后,献上我的祝福,并与你告别:

我最值得信赖的朋友,你无疑是我最欣赏的人之一。在这里,首先,我欣赏你对生命的真爱;其次,我欣赏你面对自己的勇气;再次,我欣赏你对真理的执著以及对他人的付出。我为不能完全了解并理解你而道歉,并且我原谅你在我多次召唤你的时候却对我视而不见。因为我知道,你不是不想看,而是有很多东西阻碍了你。同时,我也有些懊悔,没有及时并持续给予你支持和爱。但我想让你知道,我一直在期待你尽早踏上这条探索之路,期待你坚守自己,期待你慢慢跨越一切障碍。那段历程着实很黑,但你记住,黑并不是不好的。只有经历黑暗之后,我们才会迎接黎明的到来,继而,我们才会看到太阳升起!在那里,我们将会相遇,你会看到一个崭新的你和一个崭新的世界。你也会看到一个独特的你和一个独特的世界。无论怎样,我愿意等待你的到来,因为我爱你,永远爱你,正如你爱我一样。

祝一切顺利!

想念你的你

郝捧着那封信站了许久,他对最后的落款,有一种难以言说的感觉。

一束光从郝的头顶射下,并进入郝的全身,如同内在升起的太阳,照亮了郝的生命。

第二节　你是生命的舞者

一、自我改变的阶段

在这里，我要跟大家分享的是，成长的路途中，不同的阶段记录着我们的变化。

最初的时候，我们会否认一些内在的感受。直到那股希望获得成长的内在力量打开我们的潘多拉之盒，你会有种生命被击垮的无助，如同走进了生命的谷底。随之，脆弱期出现了，你的大脑经验部分开始恐惧，并且左右你自己。

接着，你的心会像翻江倒海一样，除了混乱没有别的。似乎自己的一切经验、美好感受都不复存在，留下的只有自己很糟糕的感觉。这个阶段很长，而且很艰难。心灵敞开后的各种感受与头脑曾经的经验不断冲突和厮打，让自己无法做出选择。

慢慢地，你会开始出现另一种状态。一段时间你感到自己已经很好了，但一段时间又会感到自己怎么还是这么不好，这让你开始怀疑自己。当然，感性与理性也在慢慢地彼此融入。心灵的开放会让自己拥有很多美好的感受，障碍和伤痛也随之慢慢离开，内在的智慧也开始一点一点出现。这时候，我们就开始一方面通过外在的学习，另一方面通过内在的思考，来整合我们自己的身心。

与此同时，一些不合适的部分逐渐离开你的身体。但新的部分还没有来临的时候，内心会出现一种空的感觉，这种感觉会让你在喜悦之余多少有些不安。在这里，我想告诉大家：请不要再回头，因为那些已经不再合适你的部分，也许在做最后的努力，它正在召唤你，希望与你再次一体化。所以，你需要坚定而友好地与它们告别。最后，用你的爱、你的喜悦和宁静去迎接你将要到来的崭新部分。

在那一刻，你将会重新创造自己！

二、你创造了生活，而非生活创造了你

朋友的生活在四十岁的时候完全沦陷。

从三十五岁开始，朋友接二连三的面临着生活中的危机。先是在万般痛苦中结束了自己长达十五年并充满暴力的婚姻，然后经历母亲癌症离世，之后经历着青春期儿子的严重叛逆，最后是与单位领导发生矛盾被推倒致伤。一系列的事件，让这个四十岁女人的生活变得像一团麻。

我问朋友："你觉得是生活造就了你，还是你创造了你的生活。"

朋友回答："当然是生活让我变成了现在这个样子。"

"那么你需要改变生活还是需要改变自己？"

"怎么改变自己？当然是要改变生活了……但改变真的太难了。"

太多的人都有一个普遍的想法，那就是痛苦来自于生活，而生活是因为他人或者是外部因素造成的。但在今天这个意识急速转化的时代，我们开始发现，痛苦源于自己的内心，而生活是由我们的心念所创造。所以，就先从觉察念头开始：

你有过冥想的经历吗？当你闭上眼睛，想让自己安静下来的时候，你突然发现你的内在根本无法安静，脑海中不断闪烁着各种各样的念头：

"今天的午餐吃什么？"

"孩子的衣服穿够了没有？"

"昨晚老公那么晚回来，到底和谁在一起？"

"昨天领导找我谈话，背后的动机到底是什么？"

"某某对我说话的时候为什么总是那副态度？"

……

一千个念头在你的脑海中翻转，使得你无法安静下来，更是无法安宁的在半个小时的冥想中放空自己。更重要的是，你千万别以为睁开眼睛，那些念头就不在了，不，它们依旧存在于你的脑海中，只是你不知道而已。

在这些无意识的意念中，有多少念头是积极的，又有多少念头是消极的呢？而那些负面消极的念头又给你的生活带来了什么？《不抱怨的世界》一书中，讲到了我们头脑中这些消极且抱怨自己，抱怨别人，抱怨环境，抱怨世界的念头与语言模式，它告诉我们：

是别人让我成为了今天这个样子；

是环境阻碍了我去寻找幸福；

是这个可恶的生活让我承受着如此的痛苦……

当我们陷入这样的意念中，我们的内在便向外在发射出了一个负面的信息，而这些信息会怎样呢？它们会自然消失吗？

不，它们不仅不会自然消失，而且还会去吸引相同的负能量和那些令人痛苦的事件进入到你的生活中。也许你觉得这是个"鸡生蛋还是蛋生鸡的问题"，但是你稍稍懂得觉知的时候，你都会发现，你有一个很好的念头，那个念头就显化在你的生活中；同时，你有一个坏念头，它同样也显化在你的生活中。而这里谈到的不是让你的积极意识去覆盖那些负面想法，而是用积极思想去转化负面想法，并且让这个正面想法能够进入到你更深的生命中去。

当你渐渐感受到这一切的时候，你是否开始愿意为改变自己的意识做一些工作，去真实地体验：你创造了生活还是生活造就了你？

同时，当你再次面对孩子的人生，你会用怎样的心念？在你孩子意念体形成的时候，又会给予他怎样的引导呢？

记住：

善待自己的方法，不是在自己的身体上做什么，而是在自己的心念上做些什么！

善待孩子的方法，不仅仅是照顾好他的身体与学习，而是帮助孩子建构正向的心念！

三、觉知你的心灵地图

当你拿到一副地图，你会很容易判断你所在地区的面积。那么，你是否想过，如果心灵同样也有一幅地图，你的这幅内在地图有多大呢？

在斯蒂芬·吉利根的催眠课中，始终有三个元素贯穿整个催眠体验：呼吸深入保持中正；找到身体的中心点；打开自己。

曾经有学员问老师："我想知道我们到底要把自己的内在打开多大？"

那么此刻你也想想：

你是否有勇气打开过你的心门？

你是否发现你的那片心灵地图有多大？

你是否为了保护自己不受伤害，总是关闭心门，或者偶尔打开一条缝，并透过那条缝窥视一下那窄窄的地图？

你是否时常会被一些小事情久久抓住不放，感觉那些小事情总是无法被安放在一个合适的地方，原因很简单，因为自己的心灵地图太小。

同时你也许还会发现，随着自己深入的呼吸，你的内在空间开始变大，你的心灵地图也在渐渐扩展，然后一些曾经困扰你的事情就被很好地安放在一个合适它们的地方。

心灵的地图就在描绘着我们的内在世界。地图有多大，内在世界就有多广阔，正如克里希拉穆提所说："你就是世界！"

转眼看看我们在教育中的反思：

前几天与一位做婴幼儿产品的企业家谈教育，他的一番话很触动大家。"我想办教育就是为了想让孩子们成为自己。这些年来，教育体制就如同一个工厂的流水线，"他拿起了筷子，"每个孩子都和这双筷子一样被一模一样复制了出来，没有自我意识，没有创造性思维，没有独立思考能力。"这段话在新教育中并不陌生，但从一个企业家口中说出，多少有些震撼性。

一个没有自我，失去创造性，失去独立思维的人，他的内在世界又如何绽放呢？而当我们未曾建构起自我的时候，我们不是将自己的利益紧紧抱住不放，就是将自己完全交付出去。在这样的状态下，我们向内看，心灵的地图又怎会如天空包容不同的云彩？大地包容不同的山河？

今天的成长就意味着我们从每一个呼吸，每一次疗愈，每一刻觉察中，让自己的内在空间渐渐扩大，心灵的地图也就在悄然中延展着。

如果你已经走在了成长的路上，那么当你回头望去，你一定会发现你的心灵地图已经发生了变化，曾经无法容纳的事与物可以安然被安顿在合适的地方。接纳在扩大，对抗在缩小。

四、你与自己的关系就是你与世界的关系

在印度"合一觉醒"体系中，面对新生儿有一个祝福仪式。在新生儿降生的第一时间，父母会在孩子的耳边种下一颗祝福的种子：

"你会拥有整个世界！"

"你将会成为全世界最幸福的人！"

"成为最好的你自己！"

"我们全然爱你！"

……

这个祝福会成为孩子一生的内在指引与资源。换句话说，在生命之初，这个祝福帮助孩子设定了一个良好的自我关系。

也许你会问，什么是自我关系？

你是否有过这样的经历：有一天你站在镜子面前，看着镜中的自己，你感到自己整个身体丑陋庞大（或者瘦小），完全失去了平常的健康与优雅，那一刻你的内心充满了愤怒与纷乱，你讨厌这个自己。这时候，你的内心除了纷乱以外，还变得越来越窄。带着这份心情，你看到的天是灰色的，每张面孔都是沮丧的，甚至手头的事情也越办越糟……

正如俗话说："倒霉的时候，喝凉水都塞牙。"

反之，你发现自己非常美好且清明的时候，你看到天空湛蓝，树叶发光，每张面庞都向你微笑，整个世界都光彩夺目！

你看到的世界完全受到你和你内在关系的影响。

朋友始终认为自己多少有些忧郁症，原因很简单，她坚定相信自己天生就有忧郁症。这个头脑过滤器所产生的信念让她的生活果真越来越靠近忧郁症。她的脑海中时常出现"让自己死了算了"的想法；她容易看到关于自杀的影片和信息；她时常随口否定自己的价值并且贬斥自己；不太相信美好的事物，觉得美好都是虚幻……

如果说每一个念头都会形成一个能量场，吸引着相同的能量场，那么，你觉得她的生活会怎样？她有这样的信念，是今天的生活所导致，还是与童年曾经的成长经历有关呢？

同样，在我们面对孩子的时候，是无条件给予爱和祝福，还是充满期待希望孩子最终帮助我们完成自己的愿望？两者之间的根本不同在于：前者相信生命的内在，同时祝福这个内在能量的启动，而后者却是抱着自己未完成的目标对孩子的人生充满期待。

所以，在孩子的成长中，我们又有多少机会能从正面引导孩子的人生呢？就如前文"也许是父母、也许是自己、也许是孩子"的五个故事中谈到的，在成长的历程中，被指责、被评判、被教育、被身心暴力的经历远远大于被欣赏和被祝福。大部分父母都是在没有觉知的状态下用自己曾经的经验来养育这个新生儿。

此刻想一想，为什么众多人的生活一遍一遍的重复着原有的旧模式？你的孩子无法超越于你，而且从生活方式、思想意识、择偶目标都与你相似甚至一样。因为我们坚定地认为自己无法驾驭生活，是生活制约着自己。从而，我们认为外部世界比内部世界更真实更可信。

但实际上内在的自己导致着外在事物的发生，我们可以选择自己人生道路的方向。阐述量子物理学的纪录片《我们知道些什么》中这样讲道：

每天你是否愿意与自己做个小小的约定："我用这时间去创造我今天的日子。我影响到了量子场域。现在，如果我在做这些事情的时候，有个自我的观察者一直在看着我，而且我自己的内在也有灵性的力量，请给我一个启示让我注意，我创造出来了任何东西，并且让它们以我意想不到的方式显示出来，让我惊讶地看到我有体验这些事情的能力。让我不再怀疑，一切来自于自己。"

在《水知道》一书中，大量的实验和图片显现，思想可以影响到水结晶，那么内在所产生的意念与思想又如何不会影响自己呢？

第三节　孩子，你是完整的自己

让我们来一起分享孩子的自我建构过程。孩子的成长，需要成人为他提供充分的物质环境和精神环境，然后按照精神种子所包含的信息的指引，经历自我意识的萌芽、形成、使用、确定等过程，最终建构起有力量的自我。

这样成长起来的生命是有一致性的、鲜活的、舒展的生命。

一、孩子，你是否在成为自己

占有欲和破坏欲

孩子出生的那一瞬间，这个世界对他来说是恐惧的，他要经历漫长的时间来熟悉周围的环境。很快，他发现身边有一个人，总是在照顾他，给他奶吃，对他表达爱，亲吻他。他会管这个人叫妈妈，他觉得他和这个人是无法分离的，所以他内心有一种冲动，他要占有这个人，完完全全地占有。所以这个时候的孩子，是无法与母亲分离的。

伴随着这种占有，孩子会充分感受在妈妈身边的这种绝对的安全感和归属感。有时候，他为了试探妈妈是否真的完全属于自己，甚至使用抓与打的方式，这让妈妈非常恼火。

大部分成人不明白孩子为什么会有这样的举动。正如我们所说，孩子在成长的过程中，在情感和心理上一定会占有自己的母亲，甚至出现"破坏"性行为，从而确定自己在对方心目中的位置。这就好像一个孩子拿到一块手表一样，他为了研究这块手表里到底都有些什么，他不仅要占有，同时要把它拆开。他无法理解成人仅仅把它当成一个掌握时间的工具，当然成人也无法忍受孩子的这种破坏行为。

当成人看到孩子的破坏行为时，总是会加以制止，甚至会责骂他。殊不知，这将孩子对物品的研究兴趣和对母亲与自己心理情感的研究机会给扼杀了。

有一部叫《不要和陌生人说话》的电视剧，表现的是家庭暴力，实际上就是一个人童年曾经的占有欲和破坏欲。孩子对母亲的"破坏"仅仅限于对母亲爱的试探，当这种试探确定后，获得一个正确方式的引导，孩子就会顺利度过这一阶段，因为他已经拥有了与母亲之间的那种安全感。

但是当这种占有欲和破坏欲没有在一定时间得到释放而滞留到成人之后，那种占有欲就会因为长期的压抑而变得邪恶。那种破坏，也会变得恐怖和难以理喻，它充满了仇恨，充满了暴力，无法控制。

"你是我的，完完全全是我的。"这只是一个孩子三岁以前的心态。因为他太需要照顾，太没有安全感，所以他必须借助于父母无条件的爱，来获得面对世界的这份内心力量，去应对今后的成长之路。

如果这份需求得不到满足，成人之后，我们再次面对一个我们以为深爱的人，我们便会疯狂追寻我们曾经无法获得的心理需求。我们的心态被固着了，固着在了那段对父母的心灵需求上。每每这个时候，我们的心态就退化到了三岁，我们就要占有这个人。不仅要占有，而且为了试探这个人是否真的爱我，我们会向对方实施暴力。但每一次暴力实施后，我们又会开始哀求对方原谅自己。

我们来看一个例子吧，看看这个孩子是如何占有、破坏自己的母亲的。

浩是一个单亲家庭的孩子。

一岁时，父母离异，他由妈妈和外婆带养。两岁半时，他被送到了幼儿园。三岁半开始，妈妈将他全托。在老师和亲人眼里，他是一个安静、腼腆、可爱、懂事的男孩，很早就会自己穿衣穿鞋，独立做一些事。

孩子妈妈是个柔弱的女人，性格比较内向，心理力量比较弱。在她很年轻的时候，就生下了这个孩子，她无法让孩子感受到那种心理上的一体化。

孩子表面的独立，让妈妈还是比较放心，只是她心里隐隐有些担忧，觉得孩子过于沉默。孩子四岁半后，被家人送到了爱和自由幼儿园。可是，从五岁那年起，孩子的性格突然发生了变化，从起初的乖巧突然变得易怒、脾气大、攻击性强。在幼儿园依旧独立顺从，但是对他越亲近的人脾气就很大，尤其是对妈妈，时常在无来由的情况下打妈妈，揪她的头发。对一个年轻妈妈来说，这真的是非常痛苦！她不能理解，也无法承受。尤其是在公众场合，每一次这种行为都会激怒妈妈，当她忍无可忍的时候，往往表现出两种极端的态度，或者是抛下孩子扭头就走，或者是无奈地哭泣。每当这个时候，孩子似乎一下子又回到那种一直以来的恐惧、忍耐和压抑当中。

我清晰地记得孙瑞雪老师为这位妈妈咨询的那一幕。当这位妈妈诉说完她的苦恼后，孙老师告诉她："你一定要忍耐，因为孩子在成长的这四五年里，受到的压抑太多了。由于他的性格，所以无法把他的压抑和痛苦很好地宣泄出来。他也从来没有在你这里获得过真正的关注和安全感，而他又太需要这些。你需要的是忍耐，并且每次在这种时候，都要反复告诉孩子：'妈妈很爱你！如果你难受，你就哭吧！妈妈在这里陪着你，妈妈能理解你，无论怎样，妈妈都爱你！只是这样打妈妈，妈妈太痛了，我们换一种方式吧！'"

这个方法需要妈妈拥有巨大的勇气和承受力。在孙老师的鼓励帮助下，这位妈妈一直坚持着。一年之后，当我再见到孩子时，他变得平静多了。妈妈看到了效果，虽然有时候也会感叹养育孩子的不易，但是我能感觉到她内心有一种欣慰。

又过了两年，再次见到这位母亲，她给我讲述了儿子的变化。虽然她也有担忧，因为曾经的心理伤痕让孩子在学习上并不出色，但孩子所表现出的幽默与智慧，让这位母亲感到了健康人格的魅力。

不久前再一次见到这位母亲，她的愉悦神情深深地触动了我。我们聊了很久，她告诉我，她很感激孙老师，因为她的孩子现在十二岁，出色得让身边的每一个人都称赞，很多孩子的妈妈都羡慕她。孩子是那么的自律，尤其是对她这位单身母亲发自内心的体贴与理解，着实让这位妈妈既感动又欣慰。

我想，在孩子的成长过程中，也许因为我们的无知，有时候会让他们受到一些伤害。但是如果我们愿意放下自己，理解孩子，帮助孩子克服心理障碍，满足他们的心理需求，加以适当的引导，他们就会有所改变。

就如这个孩子，也许他在三岁以前没有获得对母亲的占有，但是在五岁之后他开始恢复，他也一定要感受到这种与母亲一体化的感觉。他会在母亲身上宣泄，他并不是想真正伤害母亲，而是采用这种方式来宣泄对母亲的不满，并且来试探母亲对他的态度是否真的发生了变化。当他确定了这一切之后，就会慢慢地顺从。而这个过程也恰恰是母亲的成长过程，因为母亲必须学会和懂得怎样引导孩子。我由衷地敬佩这位母亲为孩子、为自己所做的一切努力与改变。

当孩子最早的心灵与情感获得满足之后，他们会对这个世界产生好奇和好感。

当然，有些时候，他们真的会"破坏"。用他们的眼光来看，"破坏"就是探索。

有一次，幼儿园的电视机坏了，无论怎么调试都不能启动，最后只好请来了维修师傅。当维修师傅把电视机后盖打开的那一刻，所有人都惊呆了，因为整个线路板里布满了细沙。不知道是哪个孩子将沙子筛过后，把最细的那一部分从电视机的通风孔倒了进去。

我们研究了很久，始终不知道孩子使用了什么方式将那些细沙准确无误地撒了进去，并且不留下任何"作案"的痕迹。那位维修师傅更是哭笑不得，他修电视二十年，从未遇到过这种情况，直喊不可思议。

对于一个孩子来说，了解这种机器里怎么能出现那么多好看的、好玩的图像，一定是一件非常值得探索的事情。而对于我们成人来说，又有多少时间和耐心去为孩子创造这样一种探索环境？我并不鼓励孩子搞破坏，但我认为，成人应该将压抑后的破坏行为与孩子所拥有的、不同于成人的创造力和想象力以及探索精神区分开，只要引导有方，其教育效果会完全不同。

两岁左右，自我意识出现

两岁的孩子有一个特殊表现，他会将自己与母亲在心灵上逐渐分离，开始进入自我意识的形成时期。

一种表现，就是"一切都是我的——我的爸爸、我的妈妈、我的床、我的被子、我的家——一切都是我的，别人不可随便乱动"。每当孩子出现这种特征的时候，父母总是很恐惧，他们担心孩子会变得自私，不懂分享，难以理喻。

另一种表现，就是使用自己的意志。孩子希望按照自己内心的想法来行动，但成人总是使用自以为正确的经验去强迫孩子，不让孩子按自己的想法去做。当成人的这种力量非常强大地压迫着孩子时，孩子的这种自我意识就会慢慢消失，然后变成依附他人，没有自己的想法，甚至没有自己的兴趣。

最典型的例子就是很多老人和保姆带的孩子。他们总是担忧孩子会出现危险，所以不让孩子按照自己的想法去做事，并认为孩子听成人的话，是理所当然的事情。长此以往，孩子们就会觉得，一切的想法都应该跟随成人。例如，孩子想打开这个水龙头，但是那边有一个声音：不可以，那会把你的衣服弄湿，你会生病的，你会打针的。这个时候，孩子就会把自己对于水的那种向往抛弃掉，因为他要听这个成人的话，即使这个成人不在身边——成人建构的一切准则与规矩，已经深深地印在了他的脑海中。

这种长期的依附，让孩子没有办法去拥有自己的兴趣。孙瑞雪老师曾经说过这样一句话："如果你想毁掉一个人，那就拿走他的兴趣。"这句话令人触目惊心。因为在孩子两岁的时候，是他的想象力和兴趣发展最旺盛的时候，如果这时成人妄加限制，就有可能毁掉这个孩子的一生。以后，他的身体虽然长大了，但是他并没有办法很好地与自己相处，做事也没有任何创造性，他拿什么来体现自我的价值呢？

在"爱和自由"的学校里，两岁多的孩子坚守自己的信念是普遍的事情。有时候，看着那一张张坚定的小脸认真地告诉你："不！我不想让你抱，因为我不喜欢你！""不！我不愿意分享，因为这是我的！"我心里会有一种说不出的喜悦。因为在那一刻，他们已经开始为自己做主了。

几年前有位家长向我咨询，让我用几句话告诉她这个学校的优势，然后决定是否要将她的孩子送入我们学校。这位母亲是一家国际公司的高层管理人员，是我们通常所说的名副其实的成功人士，由于工作繁忙，她没有太多的时间来了解教育。

我问了她这样一个问题："你什么时候开始为自己做主，使用自己的意志？"她想了一下，自信地告诉我："应该是初一就开始了！"我笑了，很确定地告诉她："你的孩子从进入幼儿园的那天起，在这个环境中，她就拥有了为自己做主和使用自己意志的权利。"

三天后，孩子入园。那时，我每天都和这个孩子在一起。由于她才两岁三个月，又是保姆带大的，所以在身体和心理上都是那么弱小。她极度依恋她的保姆，从来不让外人抱。

几个月后，她虽然不再那么依恋保姆，但是依旧不怎么说话。我离开她的时候，她大概有三岁半的样子。那个时候，她已经开始快乐地玩耍，尽管有时还有些紧张。前些日子，当我再次见到这个小女孩的时候，她已经长成了一个开朗、自信、自律的大孩子。

看见如此宁静的脸庞，如此清澈的眼睛，我再次感到拥有使用自我的权利是多么重要！因为只有这样，才能让一个人实实在在地活着，并且活出精彩，活出真我，活出魅力。

三岁左右，使用自我

孩子两岁左右开始建构自己时，他必须学会使用自我，因为他要和曾经依恋的成人分离。所以在四岁左右，孩子便出现了"执拗"的心理特征。他不仅要按照自己的想法来做事，而且要与成人对着干。如果父母让他向东走，他一定会坚守自己的感觉向西走。这一时期的孩子最令父母头疼，父母会觉得这个孩子不可理喻，任何一件在成人眼里的小事情，都会引得他大哭大闹一场。例如，饭前不能吃零食、见了邻居要问好等这些成人信守的准则，对于一个执拗期的孩子来说，他是坚决不会做的。他认为这违背了他的意愿，并且他会想，为什么要顺从你？所以这个时候，父母与孩子的冲突往往非常激烈。

我在宁夏刚办学校的时候，有这么一个四岁的小男孩，他认为这个幼儿园看门的爷爷是他最能信赖的人，因为他从小就是自己的爷爷带大的。所以他吃饭的时候要在看门爷爷的办公桌前吃，睡觉也要睡在看门爷爷的床上，无论谁都无法改变他的这一想法。他坚守着。

在那半年之中，他就像个看门的工作人员，引来许多家长与参观者的好奇。我们能够给予的就是理解和自由。但是家长们觉得无法理解，很多人据此还认为是这所学校出了问题。但是我们清晰地知道，这一定是他的需要，对他的成长会有帮助。

在整个过程中，最让我感动的是孩子。因为每每看到那个孩子一整天都坐在门口无所事事的样子，不少成人总是带着谴责的眼光看这个孩子，有些家长会忍不住地向这个孩子讲道理，劝他进教室。只有幼儿园的小朋友总是宽容地说："明明就喜欢在那里，那就是明明的地方！"并且每一次进门的时候，都有好朋友与明明玩耍，从没有歧视他。为什么孩子能够比成人更懂得宽容和理解？我想这源于孩子之间的那种心灵相通，而我们总是用成人眼里的规矩来要求孩子。

半年之后，明明变得安静了。有一天，他突然对老师说："老师，今天我要回班里去睡。"老师们既惊讶又欣慰，因为当孩子充分地使用过自己的力量之后，他开始了解环境，他知道他应该与环境如何融合在一起。这种自我调整的能力，不是由成人教出来的，而是在获得了充分的爱和自由之后，他内在的感受让他慢慢调整到的一种自然的顺从阶段。而这种顺从，无论于人、于事，还是于环境，都会显得那么的和谐。

但这个过程往往是漫长的，父母们没有经验，也没有心力给予和等待孩子。他们总是在孩子执拗的那一刻，不仅不理解孩子，反而自己也和孩子执拗起来。

马路上或者小区里，我们经常可以看到妈妈和孩子激烈地争执。孩子要这样，妈妈坚决不允许。那一刻，已经不是在为眼前的这件事情，而是妈妈的心态和孩子的心态在争执，并且都是为了坚守自己的想法而"执拗"。事情其实很小，孩子只不过是想吃一个雪糕，而妈妈却觉得应该吃一个龟苓膏。这种争执有可能确实对孩子的身体健康有益，但却可能伤害了孩子的自我。

在我们还是孩子的时候，这种执拗的敏感期，同样也没有很好地度过。所以，每当遇到这类问题，我们总是会和孩子争来争去，一定要求孩子按照自己的意愿来完成。这种情况下，我们又何尝不像个孩子呢？仔细想想，我们面对生活，面对工作，又有多少时候能够心平气和、以成熟的心态去看待周围的人与事，而不执拗于自己的情绪？

几年前，我自己就经历了这样一件事情。在我进入学校所在的那个社区时，保安把我拦住，要我出示证件。而那天，我恰恰既没有带身份证，也没有带出入证。我反复告诉他，我可否将身份证号登记上，他坚决不肯，态度还异常恶劣，似乎他拥有这个权力，就一定要使用这个权力。无论我怎么解释，他都不许我进去。也许仅仅是由于这种执拗引发了我内心的执拗，我愤怒起来！我打电话叫同事出来接我，在被确认后，我带着怒气走了进去。也许我的态度真的不太好，而这种态度又再次激起了他的执拗，他冲上来阻止我，理由是态度不好就是不准进入。然后，这种执拗让我更加愤怒——我们同时陷入了执拗的情绪怪圈。

那一刻，我们像两个孩子，彼此发怒，互相执拗。事情过去后，我冷静地想了想，为什么我们会那么容易生气呢？我们每一个人，在儿时成长的某些阶段，留下了一些未被满足的需求，或受过某些压抑，形成了某些心理的伤痕，让我们在成人之后，一旦处于激发这种伤痕的某个时刻、某件事情或某种环境中，我们就马上退行到童年的某一时期，很多东西就难以控制。

所以，让一个孩子拥有使用自我的权利，并且帮助孩子增强自我心理的力量，这是父母爱孩子最重要的表现。当我们能够给予孩子自由，帮助孩子建构生活中的规则，并理解孩子心理特质的时候，我们才能养育一个真正健康而合格的孩子。

五岁左右，确定自我

经历了两岁左右自我意识的出现，三岁左右通过执拗的方式来行使自我意志的过程，孩子还需要确定自我。他们要将最初的自我意识牢牢地建构在自己的身上。这个时候，他们开始探究自己的出生；他们也喜欢将自己设定为一个有力量的角色，比如设定自己为超人，充分地体会角色所赋予他们的力量感；他们对情感、婚姻等话题开始感兴趣，并通过与别人的交往，来确定自己。[①]通过这一系列的敏感期，他们充分感受着刚刚建构起来的自我力量。

再例如，四五岁的孩子，对出生有着极浓厚的兴趣，他们总会问："妈妈，我是怎么来的？你是怎么把我生下来的？"孩子建构了自己之后，需要了解自己出生的那一段经历，要知道自己来自哪里。他们希望通过获知这段经历，来确认自己很重要，这样有助于确定自己的价值感。

在"爱和自由"的学校，每一个教室里都备有一部百科全书。当孩子问起这一类话题的时候，我们老师都会认真而严肃地打开百科全书，给孩子仔细地讲解精子和卵子的故事，让孩子清楚地知道，他来自于妈妈的身体，这一事实与他内心的那份感受是完全吻合的。

当孩子从图片中，看见有一个胚胎慢慢变成一个宝宝之后，孩子会对三岁以前的自己、自己使用过的物品、自己的故事、自己的行为、自己的照片，产生浓厚的兴趣。

四岁多的娣，有一天在自家的楼下，看到一个一岁左右的小宝宝坐在婴儿车里，就问妈妈："我小时候是什么样子的？有没有像小宝宝这样坐在车里？"妈妈告诉她，她小时候也是这样的，并且把她小时候的婴儿车找了出来。婴儿车对于现在的她，已经显得很小了，她紧缩着身体，窝在里面，反复地感受。大概过了一个多月，经常玩婴儿车的娣有一天对妈妈说："我们把车送给别人吧！"也许，这段日子她感受到了自己与别人的相同，以及自己与别人的不同，从而更确定了当下的自我。

[①] 这些内容，在孙瑞雪老师的《捕捉孩子敏感期》一书中有详细阐述

我曾经给两个孩子讲述他们小时候的故事,当讲到他们三岁以前时,他们笑得那么开心和灿烂。我讲他们的大便弄脏了我的裤子,我给他们换尿布,他们是如何打嗝、吐奶哭闹的,他们都会无比开心和满足。

如果通过成人正确的引导,孩子获得了自己未知的那段生活经历,那么他会更加确定自我的价值感,会知道自我的完整性。但更多的时候,我们非常忽略这些。我们总是应付孩子,觉得孩子什么都不懂,更不知道让孩子了解三岁以前的生活对他们而言有多重要,我们甚至觉得给孩子讲关于出生的话题是一件令人难以启齿的事情。而恰恰因为这样,才让我们今天无法对自己有一个客观的认识、清晰的了解和良好的认同。

二、成人,你是否遗忘了自己

拥有自我,如同与天使同行

《黄金罗盘》是一部美国影片,讲述了这样一个故事:世界曾经是一片自由与祥和,每个人都有一个精灵,如同自己内在的那个真我,或者说自己的灵魂。它们合而为一并快乐相伴,这让人性中的美自然而自由地洋溢出来。

但是有一天,一个组织为了达到对世界的高度统治,他们决定扼杀孩子们的自由意志。他们偷来了大量的孩子并将他们关押在寒冷的北方,准备给这些孩子做内切割手术。方法是将每个孩子与他的精灵放在一个通电的笼子里,用高压电网从中间将他们切分开来。随后,精灵就会消失,留下的躯体便如行尸走肉般活着。

影片的小主人公是个手持黄金罗盘、勇敢而坚强的女孩。她在受到诱骗和遭遇危险时没有妥协,而是坚定地与自己的精灵一起,在吉卜赛人和女巫的帮助下,终于营救出了自己的伙伴与其他孩子。

整个影片惊心动魄。每当看到内切割手术的时候,我的心就不由一紧,同时也为主人公的勇气与意志所感动。一个真正拥有自己的人,才能够真正帮助别人,乃至世界。

如果我们失去了内在的真我,就如同我们失去了太阳,进入了黑暗。

今天,我真真实实看到了太阳正在升起!

直面自己的"潘多拉之盒"

潘多拉之盒,是古希腊一个经典的神话传说。

潘多拉是宙斯创造的第一个女人,主要任务是报复人类。因为众神中的普罗米修斯过分关心人类,惹恼了宙斯。宙斯命令火神赫淮斯托斯使用水土合成的东西,依照女神的形象做出了一个可爱的女人。他又命令爱与美的女神阿佛洛狄忒在这个女人身上淋上令男人疯狂的激素;命令智慧女神雅典娜教她织布,制造出各种颜色的美丽衣裳,使她看起来更加光鲜迷人。然后,宙斯对神使赫耳墨斯说:"放入你狡诈、欺骗、耍赖、偷窃的个性吧!"于是,一个完完全全的女人完成了。众神替她穿上衣裳,戴上兔帽,配上珠链,她看起来姣美如花。赫耳墨斯出主意说:"叫这个女人潘多拉吧!这是诸神送给人类的礼物。"众神都赞同他的建议。在古希腊语中,潘是所有的意思,多拉则表示礼物。

在神界争夺战中,宙斯就是因为得到普罗米修斯及其弟弟伊皮米修斯的帮助,才登上了宝座。普罗米修斯的名字即"深谋远虑"的意思,而伊皮米修斯的意思为"后悔",两兄弟的作风就跟各自的名字一样。

潘多拉创造出来之后,在宙斯的安排下,被送给了伊皮米修斯,因为他知道普罗米修斯不会接受他送的礼物。伊皮米修斯接受了潘多拉,虽然他娶了潘多拉之后没多久就后悔了。

潘多拉为伊皮米修斯生了七个儿子。但潘多拉一生下一个孩子,宙斯便用一个盒子把他们封起来，盒子的名字就叫潘多拉之盒。

潘多拉对此非常愤怒和伤心，终于有一个机会，她偷偷地把盒子打开了，她想看看自己的儿子们。盒子一打开，她的儿子们便依次飞了出来，她的前六个孩子，分别叫做贪婪、杀戮、恐惧、痛苦、疾病和欲望，从此，人间多灾多难。但是潘多拉的第七个儿子希望却留在了盒子里。虽然人们受困于贪婪、杀戮、恐惧、痛苦、疾病和欲望，遭受了无尽的苦难，但是人们没有退缩，因为他们还有希望！

我们多年来所积累的问题与创伤，正如被封起来的潘多拉之盒。我们不敢去看，更不敢面对，因为那样会很痛苦。但是，人与生俱来就拥有爱、信任和希望的品质，并且拥有决不退缩的潜能。

所以，当我们有勇气去面对我们内心的无助、无力、不安、焦虑、痛苦、绝望、仇恨等情绪的时候，我们能够做的就是接纳、直面和拥抱它们，并且告诉它们："我不喜欢你们，但我接纳你们，因为你们就是我今天生命的一部分。我拥抱你们，并等待有更合适的部分来替代你们！我相信自己，并且有勇气拿回我生命的希望！"

我们为自己承诺：我们决不退缩！

第六章

两棵树的生命

人拥有两个自我,一个是身体的自我,一个是精神的自我。对孩子来说,甚至内在精神的自我更需要养分,而这却是大人们忽视的地方。只有爱和安全感才能够保护孩子,使他们依据自己的生命密码建构内在的精神生命。

第一节 孩子的世界

一、孩子的内在生命

生命从被孕育的那一刻起,就有一颗精神的种子同时孕育在我们的体内。它带着宇宙万物的能量和大自然进化的秘密,指引着我们内在生命的成长。相对于我们外在的这个生命体来说,它看不到、摸不着,但却是一股无形的内在力量,确确实实地存在着。

人类的进化高于动物的本质表现,就在于人拥有这颗精神的种子。只有这颗种子的成长,才能真正体现人的完整与文明。它包含了人内在的丰富与高贵、细腻与敏锐、智慧与创造……一切的潜能,都被孕育在这颗精神的种子中。而我们的身体和头脑,只是这些丰富的内在世界的载体,将它外显于这个世界而已。

孩子的世界,就充分地展现着这颗种子的存在。他们的内在拥有丰富的生命秘密,通过这些成人所不知道的秘密的指引,孩子的身心得以完整和健康地发展。在《童年的秘密》一书中,蒙特梭利讲道:"儿童在出生前便拥有一种精神发展的模式,而这种模式的外部显现是通过儿童生命的前六年拥有的一种心理能力,即吸收性心智,和另一种心理发展过程,即敏感期来体现的。"心理能力和心理发展这两点在我们这些年的教育中,正在被反复地验证着。

几年前,我的一位朋友来家中做客,当时,一位家长也带着孩子在我家,那晚她们都要求住在我家。朋友是一位很讲究品质且优雅美丽的女士,那位家长则是一位从不在意形象和审美的女人。

从聊天到晚上的洗漱,再到护肤和换衣服,整个过程,大人都没有留意别人,每个人按照自己的方法收拾自己。那个刚上小学的孩子,从头至尾没有说一句话,而是安静地坐在沙发的一角,静静地观察着我们和屋内的环境。她的注意力很快集中在了我的朋友身上,眼睛跟着她走,认真地听她讲话。那一刻,孩子流露出的表情,似乎是要把眼前这个人身上的东西全都"吃"进去。孩子就这样静静地观察,整个过程持续了一个多小时。

第二天,孩子告诉妈妈:"那个阿姨真的好美!"并且跟妈妈细细分享了她的所见与所感。从那以后,这个孩子在审美上发生了巨大的变化。从妈妈的着装到自己的穿衣,再到家里的环境氛围,一切她都在感受,也在创造着。

这就是孩子。在孙瑞雪老师的《捕捉儿童敏感期》一书中,大量的事例都展现着孩子生命内在的特质,以及为了完成这种心理发展过程,其天生所具有的吸收性心智。它使得孩子像一个巨大的海绵,你给他怎样的环境,他就能获得什么,并且成为什么。

更值得我们关注的是:这颗精神的种子在成长的过程之中,通过一个又一个心理发展的敏感期获得快乐和满足。蒙特梭利在《童年的秘密》一书中这样写道:"儿童有一种特殊的内在活力,它以惊人的方式自然地征服事物,这是一种激情消耗到另一种激情消耗,从而建构和创造着自己的精神世界。否则心智正常的发育就会遭受障碍、心理杂乱或扭曲。这种心理发展过程不是偶然的,也不是因为外部刺激所引发的,而是依赖于精神种子的发展。"

当我们能够清晰地感受到孩子那颗精神种子的成长后,我们自然会明白,人拥有两个自我:一个是身体的自我,另一个是精神的自我。孩子的工作,就是在身体这个自我自然成长的过程中,0至6岁时建构那个精神的自我,6至12岁时发展精神的自我,12至18

岁时则将这个内在的精神自我与外在的世界逐渐融合,并形成自我的价值观。18 岁后,他将通过这个外在世界去实现他所建构的内在的自我价值。

二、孩子的内在需求

我们都知道,我们外显的这个生命需要食物和照顾来成长。同样,孩子的那个内在的精神自我也需要养分,甚至需要更多的养分。

我曾经看过一部影片,大概内容是,美国人在经历物质满足后,开始回归心灵。片中有这样一个场景:主人公童年时生活在叔叔的葡萄园里,他经常看到一位葡萄种植员在修剪葡萄树时对着葡萄树歌唱,那歌声完全发自内心。他问叔叔:"他为什么经常给树唱歌?"叔叔回答:"因为树不仅需要阳光和土壤,还需要内在的宁静与和谐。"就这样一句话,让主人公在多少年之后,又重新回到了这个拥有内心宁静的地方。

孩子的内在成长也和树一样,他们需要满足心灵层次的渴望。

孩子渴望受到重视和关注

这里说的重视与关注,不仅仅指孩子的生理成长,更重要的是一种心理上的关注与重视。所谓关注,是一种尊重和被尊重的感受。成人需要尊重孩子的自我选择、孩子的意见、孩子的所作所为,欣赏并认同孩子。

同样,重视孩子也不只是表面的重视,而是父母的眼睛能够真正看到孩子原本的自己,不过高地期待孩子,不随意将孩子与他人做比较,不将孩子物化为一个仅为荣誉和成绩而活的工具。

孩子需要安全感

这里所说的安全感,是指孩子在身体和心理上不受到威胁和过大的危险。例如,父母之间的冲突不断,孩子的生活环境不稳定,总是换来换去,并且毫无规则;父母经常不在身边,由他人带养;孩子经常受到批评和评判;在生活中,父母更重视事业的成功,而忽略孩子的心理感受;父母自身缺乏安全感……诸如此类的状态,都会使孩子内心的安全感降低。

孩子需要被全部接纳的感觉

孩子在成长中,需要父母的完全接纳,包括接纳孩子的优点和缺点。当父母认识到孩子自身的独特性的时候,就会帮助孩子从每一个小小的成就中获得满足。与此同时,孩子需要父母聆听自己的内心感受,并接受自己的想法。希望父母要像对待一个有价值的人一样对待自己,并接纳自己的朋友。在这一漫长的接纳过程中,孩子与成人之间就自然建构了一种坦诚的心理关系。

孩子需要爱和被爱

"在这个世界上,没有人会拒绝一个懂得爱的人!"这是真理。孩子在成长的过程中,用他的听、看和体验,全方位地感受着爱。一位父亲对孩子这样说道:"儿子,我对你的世界了解不多,但我信任你!"这是一种信任,但这更是一股内心爱的力量。

孩子需要被欣赏

发自内心的欣赏,会让彼此有爱的情感产生,有爱的情感涌动。懂得欣赏自己和欣赏他人,这是一种生命的品质。在孩子的成长过程中,成人主动地用温和的话语、平和的心态,还有关注的眼神,去欣赏孩子的所作所为时,孩子获得了欣赏,也就学会了欣赏。

孩子需要规则,而非管教

由于孩子拥有自我建构和自我发展的能力,所以,规则就显得尤为重要。它不仅保障了孩子与自己的相处,同时保障了孩子与他人和环境的良好相处。健康的规则是孩子内心的需要,并非是成人所要建构的纪律约束。

规则要求环境中所有的人都必须遵守，包括父母。事实上，很多情况下，规则是约束我们成人、保障孩子享有自由权利的保障。没有规则下的管教，很容易受父母自身情绪、心态等各种因素的影响。比如，孩子的同一个行为，心情好时父母可能会允许；情绪不好时则可能因此对孩子大发脾气。在家庭里，需要和孩子建立的规则是，尊重自己，尊重他人，尊重环境；或者说是，不伤害自己，不伤害他人，不伤害环境。

三、建构孩子的内在世界

当孩子一旦满足了这些渴望，他们精神的"我"和身体的"我"就会很和谐，他们就不会对自己、对别人以及对环境产生很多无法实现的期待。同时，他们会在爱中建构起有自我价值感的、积极的人生信念。也正是这样的信念，让孩子的心中涌动着爱意浓浓的快乐、兴奋、喜悦、宁静的正向感受。与此同时，孩子的行为是自信、自律、专注的。在这个内在精神世界的建构中，孩子拥有了一致性的生命状态。

在一次教学工作的观察过程中，我被一个十一岁孩子的表现所折服。他站在老师的办公桌前，等待着老师批改自己的作业。老师在无意识中略带冷淡地说："这里错了，已经说过了，为什么没改？""这个也错了，下次不允许。"能够听出，老师在毫无觉察中指责孩子。

孩子自始至终没有被老师潜在的指责所影响，他很平静地接受着老师传达的信息。并且，我从他宁静平和的脸上，看出他能够很清晰地将老师的情绪与事情本身分开。整个对话中，他开放性地接受了老师的意见或者说是批评，但丝毫没有因此而认为自己不好，没有否定自己本身的价值感。我知道，这个孩子的成长，已经超越了很多成人。

我为孩子感到骄傲，因为他拥有了很高的自我价值感和自我觉知的生命状态。

四、形成生命的"第二层皮肤"

在0至12岁的生命历程中，孩子一直是在建构并发展具有灵性和创造力的内在生命力，也就是那个精神的自我。蒙特梭利认为："这个时期和儿童在母胎中的自我建构是相似的。"

当胚胎安全着床后，母亲的身体状况、情绪状况以及心理状态，都成为胚胎成长的环境。同时，柔软的子宫膜就如同胚胎的第二层皮肤，保护着胚胎，使之感到安全和温暖。

孩子在0至12岁，甚至到18岁时，父母、家庭和良好的教育环境，给予孩子的爱和安全感，犹如孩子成长中的第二层皮肤，保护着孩子正常健康地依据自己的生命密码，来建构自己内在的精神生命。这个过程与胚胎在母体中的成长很相似。

孩子一旦在这种环境里建构起那个精神的自我，就会通过具有吸收性的心智，将父母及家庭中的爱，逐渐固定在自己身上，这个成长过程就是内化。而这种生命内化的爱，让孩子拥有生命内在的力量、宁静的心灵，并且拥有觉知的自己，了解他人以及观察环境的能力。这一切，都被国际催眠大师埃里克森称为人生命的第二层皮肤。

第二节　成人的世界

一、迷失的自我

在"爱和自由"的教育实施十五年后的今天，很多家长依旧难以理解一个人精神自我存在的问题。其主要原因在于，我们这几代人的成长，都处在精神和物质极度匮乏的困境之中。这让我们从出生的那一刻起，就受到父母思维定式以及环境现实的局限，迫使我们忽视生命中那个精神自我的存在。生存的危机、生活的压力，都让我们处在高度的紧张和恐惧之中。我们能做的就是快速适应这个充满危机和竞争的外在世界。那个精神的"我"被封冻在了六岁以前，这让我们这些外在看似成熟的人，内心却停留在童年时的脆弱和无助之中。甚至很多人在出生的那一刻，那颗精神的种子就已经被扼杀了，这就是伟大的心理学家荣格所说："有的人在出生的那一刻活了下来，而有的人在出生的那一刻就死亡了。"

由于这颗精神的种子在我们生命中的存活率很低，因此，我们早早地就把眼睛瞄向了外在的世界，将所有的安全感寄托其中。我们开始期待这个世界、期待别人给我们幸福，我们忘记了幸福其实就藏在我们生命中那颗精神的种子里。我们不仅拥有了各种各样难以实现的期待，还获得了这个外在世界给我们的各种规条和限制性的信念，例如，有钱就有幸福，头脑和知识高于一切，这个世界都不可相信……也许，我们在意识层面并未察觉我们的这些观点，但它们却在潜意识中支配着我们的生活与生命。

于是，我们压抑我们的感受，我们欺骗自己的心灵，我们彼此指责，抱怨生活。因为，我们活着的只是一个没有精神的躯壳。

二、心灵的匮乏

爱的温暖、被欣赏后的喜悦、拥有安全感后的踏实、被关注和重视后的满足感，这是人类共同的渴望，也是孩子那颗精神种子的滋养品。但是，这些恰恰是我们童年成长时心灵中所匮乏的。

经过好几个朋友的推荐，我终于看了一部老掉牙的韩剧——《蓝色生死恋》：两个同时出生的女婴，一个来自富足恩爱的双亲家庭，一个来自贫困暴力的单亲家庭，她们刚一出生，就被阴差阳错地调了包。两个女孩在同一个班里上学，恩熙从小在父母以及哥哥的宠爱中长大，成绩一般，但友善温柔。芯爱从小在母亲与哥哥的暴力中长大，成绩出色内心却充满仇恨。十二岁那年，一次意外的车祸使真相大白，两个孩子各自回到原本属于自己的家庭中，命运就此改变。富足恩爱的父母，将失去了十二年爱的亲生女儿芯爱，带到国外安静地生活，并让她接受良好的教育。曾经拥有整个爱的世界的恩熙，却开始经历从未体验过的生活，暴力的哥哥与毫无安全感且情绪无常的妈妈，成为她生活的全部。

十年后，她们再次重逢，命运已经截然不同，但她们在十二岁以前所建构的生命品质，却并没有改变——恩熙依旧友善而温柔，并用自己的爱感化着情绪无常的母亲。而芯爱也并没有因为后面十年因爱与温暖的补偿，而改变童年所受到的伤害，内心依旧充满了不安与敌意。直到全剧的结尾，当恩熙的生命即将逝去的时候，每个人的心灵都因受到巨大的冲击才得以改变。

造成剧中人物命运的是童年时心灵的匮乏，而对于我们，却是历史造成的现状——上个世纪，物质和精神都很匮乏，精神之爱和心灵需求的满足几乎是一种奢望。今天，当我们开始正视孩子成长的时候，我们才发现：给予孩子精神之爱和心灵需求，对于我们来说，是心有余而力不足。我们想爱我们的孩子，但却不知如何去爱。

面对孩子，除了继承父母留下的对待我们自己的方式以外，我们并不知道如何帮助他们的成长。因为，我们离内在的心灵感受、内在的精神之爱已经很远很远了！

三、生命的盔甲

成人应对外在世界的过程中，有一种自身的保护膜被称为"盔甲"，它与孩子所要形成的生命中的第二层皮肤看似很像。但当你走近后却会发现，前者充满了紧张、恐惧和防御，后者却充满了爱、包容和柔软；前者如同战士在战斗中必须穿着的厚厚的战衣，后者却像流动的水和能量。

迷失了精神的自我和心灵的匮乏，导致我们在面对这个充满危机的外在世界的时候，不得不将自己包裹在这个盔甲中。因为，这样也许会让我们有所谓的安全感。但为此，我们付出了更为惨重的代价——失去了心灵的爱、心灵的自由！

中央电视台《社会与法》栏目有一次讲述了这样一件事情：广东省某学校一名十三岁的少年，体育课期间与同学一起玩闹。事后同学发现手机丢失，该少年被同学们一致认定是偷窃者，并被扭送至班主任处。面对班主任同样的不信任，无助的孩子来到了心理咨询室，希望可以对咨询室的老师倾诉，获得帮助。但在这里，孩子依然没有得到帮助和情绪的排解，反而引来六位老师的共同"审讯"，并被要求家长来校。在等待家长期间，老师要求孩子将事情的整个过程写下来。无助的孩子在纸上留下"冤枉"两个字，从五楼跳下。经过抢救，孩子的命算是保住了，但从此下肢瘫痪，无法康复。

这位十三岁的少年与学校的老师，对事件的描述各执一词，对于谁该承担事件的责任也是一时难有定论。在这里，我们无须再去辨别事情本身的是非，倒是主持人的总结，让我感触良多："近几年来，自杀率逐年增高，而且平均年龄越来越低。"我只能说，生命的盔甲让大多数成人变得冷漠和麻木，他们根本不懂得如何尊重生命，珍惜生命更无从谈起。

更令人担忧的是，在成人的影响和伤害下，许多孩子也悄悄地穿上了那件禁锢内在生命的盔甲！

四、两棵树的成长

就生命而言，人的成长如同树的成长。

一个冬天的早上，我醒来一睁眼，发现窗外江边的一棵大树倒下了。我感到奇怪。那晚的风，对于广州这个时常遭受台风袭击的临海城市而言，并不算猛烈。而倒下的树，其直径看上去足以抵抗十级台风。我出门一探究竟。工作人员很热情，将我带到树根处，说："这棵树在生长的时候，树根没有深扎下去，你看，树干里已经空了，这当然不行了！"

我们的生命不也像这棵树吗？外表看上去，枝繁叶茂，正值壮年，但精神的那颗种子的根，却从来就没有深扎过，因此导致我们的内在世界没有更多的丰富感与创造力，有的只是伤痛、恐惧和危机。这让我们在面对生活中的情感问题的时候，在需要承担自己、家庭以及社会责任的时候，在面对新环境和压力挑战的时候，在需要给予孩子精神之爱和心灵指引的时候，就如同孩子般无能和无助。

眼前那些刚开始成长的小树，清新而灵动，如同一个个生命鲜活的孩子。我在想，如果我们的生命应该像那些根深蒂固的树，坚强挺拔，那么，就让我们生命的根深扎在泥土中，让自己成为一棵有爱力的大榕树吧，静静地站立在属于自己的地方，包容着整个世界，并不断给予世界。

　　弄清楚这些，这也许就是我们在而立或不惑之年所获得的生命礼物！

第六章　两棵树的生命

尾声

在经验中探索生命

不管孩子和大人今天处在怎样的生命境况中,我们却深信爱、欣赏、接纳、自由、认同将带来生命的重生。无论路途多么遥远,我都会义无反顾。无论多少山峦阻碍,我都将为了寻回自己而去征服。

0 至 12 岁，对每个孩子来说，是建构并发展内在自我的时期。为了不受外部世界的干扰，他需要父母给予他一个有爱、有安全感的家庭氛围。这种氛围所形成的一种心灵的能量，就如同给孩子形成了身体之外的第二层皮肤——"心灵皮肤"。带着这层"皮肤"，孩子面对陌生的外部世界的时候，就会感到安全。同时，这种氛围也会逐渐内化成孩子身心的一部分。孩子拥有了这一部分的生命特质，就拥有了关爱和保护自己的能力，同时也拥有了关爱与友善对待他人与环境的能力。

　　反之，当孩子赤裸裸地暴露在冰冷的环境中，遭遇身心暴力、恐惧和不安的时候，为了保护自己，其内在将竖起一道防御机制，将自己与内心的感受以及对外部环境统统隔离，就如同为自己的心灵穿上了一层厚厚的盔甲。盔甲越厚，内心的恐惧和不安就越深，生命就会越发混沌和僵硬。

　　2008 年年底的一个周末，在一个并不标准的舞蹈房里，一群年轻的老师，用他们富有激情的生命上演了一段生命之舞。无论是演员还是观众，都被那自由舒展的肢体所展示的心灵之舞所震撼！

　　一束光，柔和而恰到好处地照在一个"婴儿"（由一位老师扮演）的身上。他被一个充满了爱、舒适、温暖、柔软的圈（由四位老师扮演）自然地包裹着，就如同母亲的子宫柔软地包裹着腹中的胎儿

尾声　在经验中探索生命

一样，安全又温暖！

贝多芬的《欢乐颂》慢慢响起，钢琴声带着一股纯净而轻盈的气息流进了"婴儿"的包裹圈里。圈在缓缓地摇动着，"婴儿"随着音乐慢慢舞动。每一伸腿、每一动手，都能够被围住的圈很好地保护着。在这个安全舒适的圈中，"婴儿"宁静而自由地成长着，直到他展开的身体即将要超越这个保护他的圈。

随着音乐的高潮，"婴儿"从保护他的圈中挤压了出来，他要寻找更为舒展的空间。迎接他的是一个爱之圈（由四位老师扮演），那里有父亲的欣赏和关注，有母亲的呵护与接纳。"婴儿"安然地躺在这个圈里，因为这正是他需要的，他享受着其中的美妙。

原以为这样的环境会伴他成长，但事实并非如此。父母们并不清楚这个婴儿内在的需求，他们更希望这个婴儿快速长大，快速适应成人世界。于是，他们将这个依旧需要照顾的孩子，过早地、赤裸裸地放在了这个世界中。

音乐变得跳跃而强硬，灯光变得忽暗忽明。同时，在昏暗中还略带一种混浊，孩子变得紧张而恐惧。他想逃离这种氛围，但越想逃离，这种令人窒息的紧张和恐惧就越是尾随在他的身后。随之，不安、防御、焦虑、压抑（每种感觉均由一位老师扮演）统统扑面而来。他们时而张牙舞爪，时而冷漠相对，时而又殷勤讨好，并且，在孩子不知所措的成长中，他们围住了孩子，并紧紧地包裹着他的身体。

为了生存，孩子只能将头勉强地露在外边，身体以及心灵逐渐失去了自由，变得僵硬和粗糙，就如同穿上了一层厚厚的盔甲。

音乐更加急促和强硬，逐渐长大的孩子被高高举起，犹如成功后的庆祝，犹如内心无助的展露，也犹如压抑到顶点的爆发。无论是怎样的表达，孩子都失去了重心，无法让自己的身体平衡而稳定地站在地上。孩子想离开这种处境，他挣扎着，时而用力伸展四肢，时而又紧握双拳，交叉双臂，将自己的头埋在胸口，他以为这样会安全一些。但无论怎样,他的脚都无法着地。如同被连根拔起的树,失去了与大地连结的机会。

就在孩子以及每个观众都感到绝望的时候,一段舒缓优美而略带悲伤的曲子缓缓响起,几位代表爱、欣赏、接纳、自由、认同的舞者充满爱意,张开双臂,犹如天使般呼唤着孩子,并深情地走向他。带着无限关爱,他们将孩子从这段混浊而昏暗的场景中引领出来。

灯光逐渐变得明亮而柔和,音乐充满了温柔的爱意,舞者们宁静而专注,孩子再次回归温暖而安全的摇篮……

我的心被深深地震撼和感动,周围传来了哭泣声。我知道,这哭泣声不仅来自于心被悬在高空中的恐惧,还来自于生命获得重生的那份感动。

音乐慢慢减弱,舞者也结束了激情的表演,但每一个人内心的感受并没有停下。我相信,每一位老师探索自己生命成长的路也没有停下……

耳边再次响起音乐,依旧是那足以穿越心灵、呼唤灵魂的歌声!

星 星
维塔斯

无数次地问自己,
我为何而生,为何存在,
为何行云流动,为何风雨不止。
活在这个世界,
我在期盼着什么事情。
我想飞上云端,然而没有羽翼,
那是星光在天际诱惑我,

可是触到星星谈何容易,
即使是那最近的一颗……
而我更加无法确定,
自己的力量是否足够。

我将耐心地等待,
并为自己做准备,
踏上那条通向我梦想和希望的路途。
不要将自己燃尽,
我的星星,
等着我!

无论路途多么遥远,
我都会义无反顾。
无论多少山峦阻碍,
我都将为了寻回自己而去征服。
无论失败多少次,
我都将重新开始。
虽然我也不知道,
这一切是否有意义!

我将耐心地等待,
并为自己做准备,
踏上那条通向我梦想和希望的路途。
不要将自己燃尽,
我的星星,
等着我!

附 录

身、心、灵合一的成长体系

　　生命并非是一个纯物质体。每一个人类的生命，都带着一颗灵性的种子而来，而且伴随身体慢慢长大。因而，无论作为教育者，还是作为父母，都应该懂得：关注孩子的成长，除了身体与认知发展以外，更需关注孩子心理与精神的发展，最终达成身、心、灵的合一成长！

三亿个精子，因应同一种吸引力，奔向同一个方向，寻找同一个目标，而其中只有那一个最强壮、最具生命力的，才得以与卵子成功结合。这样一个充满智能色彩的过程，你会认为是一种纯物理过程？而所形成的这个胚胎，只是一个纯物质体吗？

医学出身、其教育思想影响整个世界的教育家蒙特梭利女士认为：

"人的生命是肉体与精神的美妙结合体，不能简单地把新生儿看成一个由一些器官和组织混合而成的生命体。相反，在他们诞生的时候，我们可以发现一种神秘的、伴随着肉体的精神降临到了人间。

胎儿的生长发育是从受精开始，之后，逐渐分裂出许多细胞，形成各种器官，发育成身体，被称为生理胚胎期；同样，婴幼儿的心理发育，是在其内部的一种本能力量的引领下而自我成长，这种力量就是精神胚胎。"

在人智学创始人鲁道夫·史代纳的教育体系中：除了一般发展心理学提到的生理、心理发展之外，他更重视第三元素："精神存体"。他认为人的本质由身体（body）、精神（spirit）和心灵（soul）

结合而成。因此要重视一个人的意志力（willing）、感情（felling）、思考力（thinking）的培育，这是生命成长的动力。人经由"身体"来认识他所属的世界，经由"精神"来建立他自己的世界，经由"心灵"来创造和达成更完美的世界。史代纳认为，教育的目标就在于，促进个体的三元素之全面发展。

在人类当下相关领域的思想中，基本可以找到这样一种共识：每一个人类生命，都带着一颗灵性的种子而来，并且伴随身体慢慢长大。这颗灵性的种子，在教育学中被称为"精神的种子"，在心理学中被称为"生命力"，在佛教中被称为"内在佛性的种子"……而人的生命，无疑是身、心、灵的结合体。

而教育的根本，应该是让儿童顺应这颗种子的引领，不被压抑，不被偏离，不被遗忘，让身、心、灵的智慧都得以充分发展与彰显，从而成为他本该成为的那个人。无疑，遗忘或压制三者中的任何一方面，都不可能是一个完整的成长过程，而这个人，也无法称之为一个完整的自己。

因而，无论作为教育者，还是作为父母，都应该懂得：关注孩子的成长，除了身体与认知发展以外，更需关注孩子心理与精神的发展，最终达成身、心、灵的合一成长！

一、儿童的身体发展

（一）身体的内涵和外延（我们所理解的身体）

我们所见到的身体，是一个有血有肉，连着骨骼，内有五脏六腑的纯物质体；随着科学的进步，我们又了解到更细微的物质构成，比如血管，比如细胞，比如神经……身体的成长与死亡，只存在纯物质的新陈代谢。

真相显然不止于此！

有些人展示出过人的舞蹈天分，有些人展示了卓越的运动天分，有些人的身体通畅而舒展，有些人的身体轻盈而协调，有些人安静而沉稳，有些人柔软而宁静……

反之，更多人的身体，堵塞、紧张、紧缩、僵硬、沉重……

这无疑显示了物质构成之外身体的巨大差异性。

中医的经络学、西方的量子物理学，以及其他一些前沿学科，都让我们认识到身体内有某些看不见的存在，比如经络，比如气，比如能量，比如光，比如波，比如振动和频率等。

或者可以说，身体是管道，外面是我们所看到的物质，里面储存着生命的能量。它连结着宇宙的能量，让这个物质的身体不断可以接受到宇宙能量的滋养，从而保持身心灵的健康。

正因为此，身体不只是身体本身，或者说物质本身，身体、心理、灵性，是三位一体的存在。生命的每一步，无论是精神还是心理的际遇，都会在身体里留下记忆。正如我们心理上所经受的沧桑，会遗留在身体姿态上与脸上；我们精神上的苍白与匮乏，会映照在空洞的眼神中；我们遭受的暴力，会体现在身体的紧张上；我们遭受的压抑，会让我们的身体气脉堵塞；我们的暴戾，会体现在肌肉的走向上；而内心的宁静，也会让我们的身体更趋通畅……身体的记忆，从母亲的子宫开始，直至生命的结束。

对于一个新生命的成长而言，婴幼儿时期的生命充满着灵性的光芒。这时人的身体管道天然开放，并且通畅而柔软，正中医如所讲："婴儿百脉俱通"，可以随时接受到宇宙能量的滋养。喜怒哀乐，随时随刻都会真实表达，无需掩饰，就那么鲜活地活在每一个当下。这样一个美妙的身体，需要透过运动、体验、感受以及从自然中摄取养分来得以发展。而在目前的教育体制中，幼儿园、小学的教育都非常急功近利，大量的知识灌输、头脑教育，使得儿童接受宇宙能量的天然管道开始渐渐闭合，阻碍了儿童身心灵的健康成长。

儿童渐渐丧失了探索生命的兴趣，只成为了学习的工具。

（二）儿童身体发展的需要

首先，儿童需要爱的滋养——拥抱与亲吻的力量。

哈佛大学某研究机构，曾经做过一个实验。把一只小猴子放在一个笼子里，笼子里有两个"猴妈妈"，一个是没有食物的绒布猴妈妈，另一个是身上有食物但被铁丝绑着的猴妈妈，小猴最终的选择是，躺在绒布妈妈的身上，伸手去够食物。因为这种温暖的感觉，才是妈妈的感觉。

来自微博中的一个画面，看了让人心碎：在伊拉克的一所孤儿院中，一个小女孩用粉笔在水泥地面上画了一个大大的妈妈，然后让自己蜷缩这个"妈妈"的怀抱里。

人的身体，天然渴望温暖。一个孩子的长大，第一个需要的就是爱的滋养。我还在幼儿园从事一线工作的时候，曾经接触过全托的孩子。每晚总有哭醒的孩子。有的是夜间突然生病，但白天就自然康复；有的是做梦哭醒。被全托的孩子，情感上是匮乏的，虽然孩子们无法表达自己内心的感受，但是这些情绪会透过身体在夜晚呈现出来。我们的处理方式就是抚触与拥抱。这个抚触和拥抱，不只是在形式上，而是带着爱，带着内在的能量去做，让孩子真切感受到自己是被爱着的，这样效果才会更好。

如何让儿童充满灵性、柔软而敏感的身体得到所需的滋养？除了食物与阳光，更需要的是父母的爱。对于孩子来说，最温暖的地方莫过于父母的怀中，最温暖的表达莫过于父母的亲吻。透过肌肤的接触，孩子的身心获得爱的滋养。这种滋养，需要在充满爱、充满流动的状态下才能获得，因为父母和孩子具有最本然的连结，孩子能够清晰感受到父母的内在情绪与感受。

孤儿院的孩子，很多会经常生病，甚至患上很严重的疾病，很大部分原因是因为他们的肌肤与身体缺少抚触，而抚触本身是具有疗愈功能的。

其实，不仅仅只有孩子需要拥抱与抚触，成人同样需要。我曾经现场观摩了美国身心灵疗愈大师班奇·兰登博士的身体按摩疗法。整个过程，没有一句语言，老师只是用双手对肌肉进行非常温和而又缓慢的抚触与推揉。宁静的场域中，只有一呼一吸，感觉老师在透过触摸聆听着身体的信息，然后寻找问题，再对身体进行梳理。一个小时后，被疗愈者的脸上呈现出久未有过的通透与洁净，就像身体被深层清洗过一样。

因此，大人应常常拥抱孩子，抚触孩子的身体，带着爱意亲吻孩子，并在此过程中保持全然的爱的情绪和状态，以此滋养孩子的身心灵，支持孩子创造充满鲜活生命力的自己！

其次，儿童需要户外教室以及自由活动的空间。

蒙特梭利教育对于环境的要求，很重要的一点就是，孩子需要有一个户外的天然教室，并且孩子拥有选择在室内活动或者户外活动的自由。这个自由的条件能够让孩子的身体与心智得到充分的发展。

在华德福教育中，更是将自然活动提到了无可替代的位置。孩子们在自然的环境中，发展自然的天性，教育者需要做的，只是给孩子提供一个自然的、充满灵性的环境。

当儿童在自然中自由放飞，他们的身心灵就会随之自然绽放。在我们一年一度的"靛蓝纪青海湖亲子夏令营"活动中，当孩子们站在院子里的木平台上，看着前面无边无际的青海湖、后面肆意绽放的百亩油菜花、远处绵延的巍巍青山，你难以形容他们是如何的开心。从早到晚忙着玩儿，忙着跑，忙着木工活儿，忙着骑马，忙着看高原牦牛，忙着……每天总有成人无可理解的无穷的精力。徒步十公里山路，沿湖骑车十公里，这些在高原上成人都不易完成的事情，孩子们却都能顺利完成。面对着上百头的羊群，大人们都紧张地躲开，但孩子们却自然站在其中，寻找着领头羊。在自然中，孩子们总是会快速打开身心，并将自己全然地融入其中……

在儿童成长过程中，空间敏感期的发展是身体智慧发展的一个重要篇章。从婴儿开始将自己的手指费力地塞进自己的嘴里，到他们学会走路，从此开始走向独立成长。一旦体验到了这种成长的需求，他们的身心就需要拥有自由的空间。这个自由活动的空间，可以让儿童透过爬、抓、走、跳、旋转，来发展自己的身体，并且进一步探索他所身处的空间的秘密。父母都该知道，想让孩子的身体智慧得到全然的发展，就不要剥夺他探索空间的权利，而要给他们提供一个自由的空间。

当孩子拥有了这样的空间，他便可以透过探索，对世界产生自己的看法。在儿童的成长中，这是一个很重要很了不起的发展阶段：我们大部分人总是在无意识中用别人的眼睛和角度来看这个世界，没有多少人用自己的角度来发现世界；而得到自由发展的儿童，却从这一阶段起，就开始在学习用自己的眼光、自己的角度，来发现、探索和认识世界。这是一个很重要的起点。

其三，儿童需要感觉训练。

在蒙特梭利教育体系中，感觉教育是极为重要的一部分。

0至6岁是儿童敏锐的感觉发展时期。在这个时期里，儿童经由内在的引领，透过特定的活动，发展五感官（视觉、听觉、味觉、触觉、嗅觉），并经由五感官来探索世界，获得对于这个世界的认识和经验。所以抓、走、听、看、触摸等活动是儿童早期发展必不可少的部分。儿童透过将每种外在的事物经由感官体验，流淌到他的身体里面。他们会反复练习，再反复感觉，终于有一天他透过自己的体验和认识，总结出了自己的生命经验，然后成人给他匹配一个准确的概念。这个时候，在他的生命内在就形成了一个完整的认知，即从感觉到深入经验再到匹配概念，这个对事物的认知过程是经由他每个当下的体验一步一步完成的，而非只是简单的概念记忆的学习过程，这是真正用自己的眼光来认识世界。

教育不能剥夺或者泯灭孩子生命中的这种特质。《感觉的自然史》（[美]戴安娜·阿克曼著）一书中写道："大多数人认为才智位于大脑中，但生理学领域的最新发现表明，才智并不真正居住在大脑中，而是搭乘由激素和酶构成的车队在全身各处旅行，忙碌地揣摩着我们归类为触觉、嗅觉、听觉和视觉的复合奇观。"

儿童透过五种感觉探索外在的世界，他们真实而精微地感受着花香，感受着细沙从指间划过，感受风的柔软，感受音乐的美妙……借由这些感受，他们不只是探索着外边的世界，而是逐渐建构起自己内在的情感和精神世界。

当一个孩子可以自由去感觉生命、感觉事物、感觉人与人的时候，他就会拥有智慧并看见真相：

十岁的孩子会说："我的父母爱我，但却没有能力关注和理解我。"

五岁半的孩子感受着妈妈内心的烦躁和不安，会说："妈妈，我觉得你心里在哭，你为什么不大声哭啊？你可以大声地哭，哭出来就好了。"

四岁的男孩会认为："她不喜欢我，我不会和她结婚；只有她也喜欢我，我也喜欢她我们才会结婚。"

……

（三）儿童所承受的身体暴力

在《什么是暴力》一文中，美国心理学家约翰·雷萧提出：任何侵犯个人"自我"感的事物，就是暴力。一个较有力量、权威和知识的人，妨碍另一个较无力量的人的自由，就是暴力。他认为关于身体的暴力，包括：打、踢、推、掐、摇、捏他们，拔头发，用东西打他们或是威胁要打他们。

以此为标准，我们看看今天的学校和家庭，多少孩子还在承受着身体的暴力。

一个十六岁孩子的母亲，找到我咨询孩子辍学的问题。孩子在学校天天打架，总是不回家，父母已经无力管教。母亲说："小时候我常打他，不听话就打，但现在不敢打了，他比我力气还大。"

孩子的舅舅说："王老师，你什么也不用管，交给我好好揍他几次就好了。"

我无言，身旁一位80后的男孩说："估计你就是被打大的，你打他，他长大了打他的孩子，他的孩子长大了打他的孙子，他的孙子继续打，一代一代就打下去吧！"

有人觉醒了，还有很多人依旧在无明中。今天国家对儿童保护还未立法，太多的老师和父母把自己的情绪以暴力的方式宣泄在孩子身上。近年连续曝光的幼儿园虐童事件，也许只是冰山一角。我无法相信那些虐待孩子的老师和父母，从小是在被爱中长大的。

当孩子遭受暴力，他那个敏锐的感觉系统就会渐渐失去，身体变得迟钝，感觉变得蠢笨。在美国心理学家肯恩·戴特沃德的《身心合一》一书中提到："我们的身体是一本活生生的自传。岁月在我们的身上留下无情的痕迹，使我们无意逃避友人和陌生人检视的眼光。任何由伤害所造成的机能受损，都会成为我们身体上的永久标记。经年累月的焦虑也会使肌肉组织产生永久的变化；生命早期因循而来的怯懦、退缩、昂然和苟且等性格，都会被深深地植入在我们的中枢神经里，并且被肌肉和皮肤显现出来。"身体原本是个容器，它储藏着每个人的心灵秘密。当我们对孩子指责、训斥、说教的时候，他们的身体就被僵化了。

生命拥有具有智慧的身体，原本应该成长、绽放！但是今天，你到各个中小学门口看看，有多少孩子的身体是舒展挺拔的？身心的巨大压力，让孩子们的身体过早承担了太多的负担，紧张、僵化而缺乏活力。

儿童需要自由之舞，需要大量的运动，需要在自然中奔跑释放,甚至需要瑜伽这样的经典运动。让孩子的身体智慧得以绽放,这对于孩子的生命,与发展头脑的认知同样重要!

二、儿童的心理发展

(一)心理年龄与生理年龄是否同步成长?

生理年龄,大家都会关注,而且显而易见,但是心理年龄,有多少人关注?

这是一个觉醒的时代,有些人开始明白,无论是自己还是父母或者是身边的朋友,生理的年龄已经不足以反映我们的心理成熟度。心理年龄的弱小,让很多人无法成熟地面对这个世界。

课堂上,十七岁的CC与老师发生了冲突,老师怒极而骂:"你算个什么东西!"CC愤怒,与老师对骂,之后出现了身体的接触。学校通知家长来处理问题,CC妈妈哭泣哀求,为儿子争取宽大处理;老师坚决不原谅,要让CC在教室后面罚站上课;CC认为尊严受到伤害,产生厌学情绪。

这就是一场心理剧。主角们都抛开了社会角色,进行心理的本色演出,关于恐惧与尊严。

而故事的导火索,是各自的心理创伤,它们在这一刻被撞击了出来,同时相互纠缠。学究型的老师委屈得像个孩子,觉得自己受到了挑战和伤害,通过叫家长与罚站,来维护自己的尊严;母亲时刻感受到体制垄断与权威意识的威胁,希望通过哀求来平息权威的愤怒而获得儿子的生存空间;孩子一方面认为老师的管教伤及自己的尊严,然后又在冲动过后无法承受冲动的后果。

每个人的心理状态在这个舞台上呈现,而这种呈现,最深的根源在于他们各自的童年成长,而与故事发生时的他们各自的年龄无关。

我们再来看一个类似的故事：十九岁的QQ，在加拿大上学。某天，他没有按照学校的要求收拾寝室，管理员二话没说，将QQ的寝室门拆了下来。QQ很平静地接受了这件事情，并迅速打扫卫生，然后请来管理员，解决门的问题。

在QQ看来，他不觉得这个事情与平等和尊严有关，不觉得管理员这样对他是不尊重他或者是他自己不够好。他明白只是因为自己没有做到该做的事情，相应得到了一个罚单。仅仅是罚单而已，和尊严及自我价值没有关系。并且他懂得，老师与学生之间的关系，除了引导、朋友、平等之外，还有必要的管理。

在QQ的心理成长中，当他遇到问题的时候，不是被压抑和指责，而是被引导和转化，这让QQ拥有较大的内在空间。同时，他懂得自由与规则的界线。当遇上事情的时候，他可以透过自己的内在经验和力量，让一切顺利渡过，并且懂得接纳。

而CC在面对事件的时候，长久积累的被压抑的怒火，以及对于自由与规则的界线不清，让他内在的"小孩"不受控制地爆发，而后又陷入恐惧和自责。

一个生命刚刚来临的时候，身、心、灵浑然一体，身体柔软开放。随着在这个世界中的成长，遭遇各种的心理创伤，承受诸多的心理压力，身体渐渐变硬并且逐渐关闭，形成了对外界的防御与自我保护。因为人们都害怕受到伤害，因此从小身体、心理遭受暴力的时候，我们便获得一个经验，那就是关闭自己，并且认为这才能够防御外在的伤害，从而保护自己。

事实就是这样，从出生的那一刻开始，我们的生命就开始经历各种创伤。但是，创伤本身并不可怕，可怕的是这些创伤被太久太深的封存和冰冻起来。

三岁半的涵涵，玩得正兴奋，突然停了下来，认真地对我说："你知道吗？那时候我爸爸、妈妈吵架，把我心爱的小盒子都给摔坏了。"停顿了几秒，她继续说道："还把我的手也弄破了。"我一愣，还没来得及回应，她又急着将这番话原原本本重复给了刚进门的她的干爸。我很清晰地感觉到，一股伤心的情绪从涵涵的内在升起，她沉默了，情绪有些低落。我看着涵涵，让内在的爱流向她："你很伤心是吗？"涵涵点点头，眼圈红了。但还未等我再开口，她已经迅速从刚才的情绪中逃了出来，开始打岔："我喜欢吃这个饼干。"说这句话的时候，涵涵依旧有些出神。我能够感受到孩子内在的伤心，以及无法面对伤心而想逃开的感受。

三岁半的孩子可以将事情与感受如此简洁地表达出来，是因为这个创伤依旧存在于她的记忆中，如果父母能够有效地倾听，（"妈妈爸爸在吵架的时候弄坏了你的玩具，弄伤了你的手，你一定很伤心，我们为此向你道歉。吵架是我们的事情，不是你的错，请原谅我们。"）就会帮助孩子的情绪得到释放与流动。否则，那些创伤形成的心理碎片就会一直漂浮与散落在生命内在的某个角落，直到我们长大、老去，那个角落还会停留在三岁半的那次伤害中。

创伤一旦封存和冰冻在我们的体内，不仅会让我们的身体变得僵硬，同时会让我们面对世界关闭心门。那些因为创伤而被卡住的能量和事件，犹如碎片散落在我们的记忆深处，即使在成人之后，我们的心理也会被类似的事件与场景瞬间拉回到童年，无可抑制地展示出不成熟的状态。

（二）三个同心圆的生命结构

我们的生命结构，就如同三个同心圆。我们用防御与自我保护形成了第一个圆，只为保护我们的内在不易被人发现，我们控制情绪，不让自己用心说话，生怕不仅获得不了理解，反而让人看见脆弱的自己。

我们为何要防御？因为在第一个圆内的第二个圆，是我们从小成长经历中所留下的创伤、恐惧，我们的内心感受，我们的渴望，我们的需要，以及我们容易失控的情绪。这一切与看似坚实的防御层完全不同，是如此脆弱。为了不让这些暴露在别人的目光下，以免遭受可能的伤害，我们只能生活在防御和自我保护中。

但是，在第二个饱含创伤的圆之内，还有一个圆，这里藏着我们的本质之光，即生命力、精神的种子。所有疗愈创伤的工作，不只是为了抚平创伤让我们心理更健康，而是透过疗愈让生命之光得以绽放，让我们无需披上防御的盔甲，并因而充满力量。

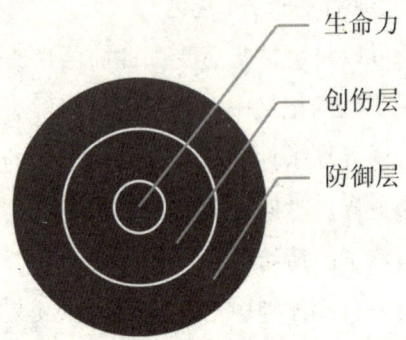

基于这三个同心圆的结构，在身心灵的教育体系中，我们需要在两个层面上努力：

首先，儿童的成长依赖的是最核心的本质（即精神、生命力、灵性的种子）的指引，一步步发展自己的心理与身体。越是有爱、有自由、有规则的环境，那个生命本质的灵性种子，就越能够引领孩子按照自然的法则成长。正如阳光、空气、水分等环境资源越好，树木的生长就越茂盛一样。

其次，教育者和父母需要意识到，我们成长到今天，生命被太多的防御和自我保护所包裹。我们需要从最外边的圆开始，让自己渐渐打开这些防御和自我保护，勇敢面对自己的创伤，并疗愈它们，然后穿越这些，与生命的本质相遇。这将让成人和儿童之间在生命的本质层面，形成一种真正的连结通道，而这，是成人和儿童获得连结真正的、唯一的通道。经由此通道，成人才能真正懂得孩子而懂得爱孩子。

对成人而言，打开和穿越的过程，是一个富有挑战的过程，我们需要撕开自己的防御与保护，直面内在的创伤。但是，无需害怕，而应该充满期待，因为一旦走过这些，生命就会在那个本质中相遇，这就是生命的觉醒。

从这个层面而言，教育者应该是一个觉悟者。

（三）儿童的心理需求

在生命的早期，建构归属感和安全感、并需要与父母保持一种内在的连结，这是保证一个孩子建构健康心理的重要条件。作为人类的生命共性，渴望爱与被爱、渴望归属、渴望安全感、渴望关注、渴望欣赏、渴望认同、渴望接纳、渴望建构规则、渴望成为自己，这些渴望深埋在每个人的内在。

当我们的渴望被特定的时代背景与特定的文化氛围所压抑，进而完全被忽视和抹杀时，我们也就无法看见一个孩子的内在需求与渴望。

五岁多的仔仔非常喜欢三岁多的朵朵，某天午睡时间，仔仔将朵朵偷偷带出了幼儿园，他要带朵朵去参观幼儿园所在的社区。仔仔的家就在这个社区，他很想跟可爱的朵朵分享让他引以为傲的美丽社区。意外出现了，仔仔没有记住回幼儿园的路，最终被保安送了回来。

朵朵妈非常生气，她指着仔仔告诉朵朵："以后你不许和仔仔玩。"同时又生气地指责仔仔妈妈。仔仔妈既内疚又害怕，站在那里，尴尬又不知所措。妈妈将仔仔带回家后，仔仔的情绪全面爆发了，他边哭边打妈妈。妈妈很困惑，不知道孩子为什么打她。

真相是怎样的呢？面对朵朵妈的指责，仔仔妈的内心瞬间就被拉回到了童年，进入小时候被指责之后的无助感。这种感受，让她失去了以一个成人的状态处理事情的能力，既不能一致性地表达自己，又无法理解和保护孩子。

同样，朵朵妈在情绪的支配下，也不能一致性地表达自己内在的恐惧和担忧，而是通过指责来表达不满。这份指责让一旁的朵朵更加恐惧，觉得自己很不好；让仔仔妈感到巨大的压力与内在自我的消失；让仔仔感到委屈与愤怒；而她自己同样也经验受伤感。

一个事件，让每个人的内心都发生着变化。假若朵朵妈与仔仔妈都能够以一致性的方式沟通，那么每个人的内在又会怎样呢？

朵朵妈内心的感受我们能够理解，焦急而恐惧。仔仔妈的感受我们也明白，更加担忧与恐惧。彼此表达自己这份感受，并且告诉孩子正确的做法，这不仅让成人之间获得一种理解与支持，而且可以帮助孩子获得面对问题的一次经验。

这本书的核心就是要告诉所有的父母和教育者，对于内在心理需求和渴望的忽视和抹杀，只会让孩子延续和我们一样的无助与匮乏。要想走出生命复制的怪圈，让孩子绽放更鲜活的生命力，我们必须探索和了解孩子的内在需求。在探索的过程中，我们会发现自己的太多渴望被压抑，我们应该做出一个选择：改变自我模式，追求自我成长，创造新的生命！

（四）儿童情绪发展的四个阶段

儿童的情绪发展，包括认识并命名、感受与接纳、成长与发展、走向成熟四个阶段。

随着生命的诞生，恐惧、悲伤、愤怒、喜悦这些基本情绪就陪伴着我们。回望我们的人生历程，有两个问题值得思考：

1. 在成长的路上，你允许这些基本情绪随着身体的成熟而发展与成熟吗？还是让情绪依旧停留在小时候或者是青春期？

2. 情绪是生命的一部分，你是选择跟情绪做朋友，彼此友善相处并能一起喝杯茶？还是选择与情绪做敌人，选择对抗或是压制它？

对孩子而言，家庭的影响至关重要，父母如何面对自己的情绪，孩子就学会如何面对自己的情绪。儿童从出生开始，就透过哭笑来表达自己的感受。慢慢地，当孩子开始说话，他便开始练习用语言表达自己的情绪和感受：

两岁半的花花会说："老师，我不高兴，我想要你抱我。"

三岁多的男孩会说："我很愤怒，不是生气！"

一部影片中，小男孩会担忧地说："爸爸，妈妈离开家，是因为我不听话吗？"

当儿童能够如此清晰表达自己的情绪与内心感受时，他的情绪就得以发展。

任何一种学习，都会经历从认识到体验、到发展、再到熟练的过程。情绪的发展同样需要这个过程。作为成人，需要遵循这一过程，给予孩子帮助，让他的情绪得以发展。

首先，帮助孩子认识自己的情绪："妈妈知道你很开心（或难过、害怕……）。"

其次，让孩子的情绪得以理解与流淌："妈妈也为你感到高兴！"或者，"妈妈很能明白你的感受，知道这件事情令你伤心！"

再次，儿童会通过练习让自己与情绪很好相处，并熟悉自己的情绪。

最后，随着身心的成长，儿童将学会驾驭和管理自己的情绪，并且明白它只是自己生命的一部分，而不是自己的主人。也就是说，是自己驾驭了情绪，而非情绪驾驭了自己！

（五）让心理年龄得以成长

生命的头六年，依赖感觉发展，孩子在此时不仅认识和探索外在世界，同时也建构自己的内在世界。在任何一种尊重生命成长规律的教育思想中，都非常重视儿童从感觉外在事物到经验与表达内在感受的学习过程。这一过程，不仅帮助儿童更加精微和准确地认识物质世界，同时帮助儿童建构一个完整的内在生命。这个完整的内在生命充满了无数有序的心理结构，并在不断建立结构中走向生命的成熟。

让我们再次透过前文提到的三岁半的涵涵的故事，来看看儿童的心理结构是如何形成的：

在涵涵的内在，经历了这样一个历程：看到父母之间的争吵，听到父母之间的指责，经验到失去自己心爱的小盒子和手指痛。这些被感官接受到的信息，进入涵涵的内在，经过了知觉的处理，形成了内心的感受——恐惧和伤心。然而这种情绪在当时并没有被大人注意到，更没有被理解和梳理，而是被储藏在了意识深处，如同碎片一般漂浮着。

随着年龄的增长，她也许会记住这个事，也许会忘记它，但当时未被梳理的情绪——恐惧和伤心，依旧留在意识深处。每每碰到相似的事情发生，这种储存下来的情绪碎片就会自动出现，为当下那个事情的情绪加码，原本只有三分生气，在这些漂浮的心理碎片加码后，就变成了八分生气。久而久之，连她自己都不知道，为什么一个小小的事情，就会那么生气或者恐惧或者悲伤。在这种内在的不清晰和混乱中，一些限制我们成长的诸如"我不够好"之类的信念，就会在不知不觉中生成。这就是成长中的创伤沉淀在潜意识中的历程。

反之，如果孩子经验父母争执之后，成人懂得倾听孩子那一刻的情绪，并且告诉她："每个人都会有情绪，有的时候高兴，有的时候生气。今天爸爸妈妈都有些生气，但这不是因为你，是因为我们自己。这件事情让你这么害怕和伤心，爸爸妈妈向你道歉。爸爸妈妈都非常非常爱你，请你原谅我们。"这个过程，会让孩子渐渐明白自己与父母之间爱的连结，同时又通过经验了解到，他们是他们，自己是自己。即使那一刻受到了伤害，但这个伤害不会变成漂浮在意识深处的碎片，而是经历一个从受伤到疗愈、到认识、到发现彼此的完整结构。

在儿童的成长历程中，我们需要帮助他们透过一个个结构去建构完整的内在，而不是给孩子的内在留下千百万个漂浮的碎片。前者是生命走向成熟的历程，而后者却是阻碍生命绽放的过程。

（六）儿童承受的心理暴力

在情感上抛弃他们，让他们撞见各种身体暴力发生的现场，无法保护他们免受年龄较长的同辈、同学或邻居的欺负，嘲笑孩子的身体，对孩子有不合理的要求和期望，拒绝为孩子建立规则，在供给他们性资讯方面不负责，让他们看见成年人或年长的亲戚从事任何形式的性行为，拒绝为孩子设立规则。这些都曾使孩子的心理深受伤害。

谈及心理创伤与疗愈，多数人总会说"我没有心理问题"、"我的心理很健康"等自我防御的话。事实上，从我们来到这个人世间开始，创伤就随之出现，只是因成长环境和每个生命个体特征的不同，创伤的程度不同而已。

大多数人开始为阻止对孩子实施身体暴力呼吁，而事实上，在当下的社会环境与教育环境下，孩子遭遇的心理暴力更为严重。

我曾经遇到一位在美国生活了很多年的家长，她看过"爱和自由"的幼儿园之后，二话没说就给自己两岁半的女儿办了入学手续。她告诉我，在这个幼儿园，没有任何歧视弱者的感觉，孩子们平等而自由。而她的女儿恰恰需要这一点，因为孩子的半边脸有一块很大的胎记，平日只要孩子在小区里活动，碰到的人总是会为此而讨论半天，小朋友也不爱和她在一起。这让她和女儿都很烦恼。

这些行为本质上就是一种心理暴力。它的来源在于在我们的价值观中对生命个体独特性尊重的忽略——老师的内在不存在正确的意识，孩子们因而从小得不到正确的引导。

更重要的是，孩子们在成长过程中，遭遇心理暴力的可能性极大。比如说，在媒体报道的幼儿园虐童事件中，受伤害的绝不只是那个被揪着耳朵提起来扔到垃圾桶里的孩子，而是现场的每个孩子，他们的内心都会受到极大的创伤，这让他们对环境严重丧失安全感。

无数次，儿童经历着情感抛弃、暴力场景的冲击、被欺负、被嘲笑、被不合理的期望以及没有界限的保护等种种心理暴力。这一切与儿童的心理需求（安全感、归属感、被欣赏、被接纳、被理解等）刚好相反，儿童还无法辨识，暴力的诞生是因为施暴者的问题，而认为是自己的问题，是自己犯了错。心理碎片就这样被成人以及环境创造出来。

这应该是整个社会和价值观的问题，而教育者与父母，应该首先改变和成长，疗愈我们曾经经受的创伤，重新转化和组织自己内在的心理碎片，重组成为心理结构，走向心理成熟，然后去觉察自己与孩子相处中的状态，在这种觉知中，帮助孩子在经受心理暴力和创伤时，梳理和建构心理结构，在这种知觉中，成人和儿童的生命才会彼此共同成长。

三、儿童灵性的发展

佛说，每个人内在都有一个佛性的种子，当你活出它的时候，你就是佛！

神学家说，让你内在的神性之光绽放！

心理学家说，活出你的生命力，让你成为你自己！

教育家说，当精子和卵子结合的时候，生命内在的精神胚胎就同时出现了。

关于儿童的灵性与精神的发展，无论是蒙特梭利的精神胚胎发展，还是华德福的教育理论，都有阐述。

蒙特梭利认为：在精子和卵子结合的瞬间，生理胚胎形成的同时，生命的精神胚胎就存在了。这个精神胚胎中蕴含着生命的密码。儿童在生命的头六年，根据精神胚胎的指引，透过自身的感受与发现去探索这个世界。这个成长的过程，就是破译生命密码的过程。在一个一个充满爱与自由、允许儿童遵循自己的生命密码成长的环境中，儿童将由精神胚胎的内驱力带动，成长为他本该成为的那个人。

而现代西方催眠心理学认为：生命的内在拥有一个创造性意识的空间，那里充满着生命的潜能。而生命的愿望就是活出这个部分，让它指引我们去探索人生。这也正如萨提亚治疗模式中谈到，让你的生命力得以绽放！

儿童的灵性，无论被称之为"种子"，还是"生命力"，又或称为"精神胚胎"，它就是生命的本质，是每个人独一无二性的源泉，是创造力的源泉。

作为父母和教育者，你是否懂得如何让孩子内在的这颗灵性种子，随着生命的成长而得以成熟与绽放？

（一）自然对灵性的滋养

曾经看过一张照片，一只稚嫩的小手，轻轻触摸着一片鲜嫩的花瓣，像是在彼此对话。很美！

医院的长廊里，摆着一大束鲜花，来来往往的成人，没有一个因此停留，一个一岁多的小病号，她清澈的目光却完全停留在这里。她每天都要走到鲜花面前，专注地凝视很久很久。

一个三岁的小男孩，望着窗外的大风，听着妈妈对天气的抱怨，温柔地告诉妈妈："看，妈妈，树枝在跳舞，大风会让树枝跳舞。"

……

当孩子处于自然中，你可以清晰地感受到，他们内在的活力在灿烂绽放。

我们组织的青海湖夏令营，孩子们都要参与五公里禁语高原徒步与七公里高原自行车赛。当一群6至12岁的孩子们，默默走过油菜花地，一路听着鸟叫，采着野花，穿过羊群，爬上山坡的时候，不是比赛的兴奋与激动，而是与自然融合的宁静。期间，几个孩子捉到了一只小田鼠，没有兴奋的大叫，而是静静地观察，然后小心翼翼将田鼠放生。

在自然中，孩子们自然放下城市中的烦躁和压力，瞬间便融入了大自然的场域，不需要太多的话语，他们完全懂得每一个身体语言，内在的宁静与创造自然发生。孩子们专注于自发组织的木工活，专注于艺术品的创作，专注于小商店的经营，专注于绘画大幅作品，一些作品所展露的创造性，让我们大吃一惊。

为什么孩子能够聆听到树的心跳，为什么孩子能够看见花朵的绽放，为什么鸟儿总是离孩子很近，为什么孩子的眼中总会看见最美的风景。0至12岁正是那颗灵性的种子发芽成长的阶段，大自然在悄无声息中滋养着儿童的灵性生命！

（二）艺术对灵性的滋养

一岁半的毛毛，还不会说话，但已经能听懂很多话。一天，我穿着长衫，哼着小调，从她面前轻轻跳过，毛毛快速将目光投向我，并伸出小手让我带着她跳。毛毛的爸妈告诉我，她到了音乐的敏感期。音乐让她喜悦，在音乐中，她会自然扭动身体。于是，我带着她慢慢的跳。她似乎并不满足，示意我掀起钢琴盖，并且在我的帮助下，艰难地爬上了琴凳，有模有样地坐在那里。她看着我的眼睛，拉着我的手指，仿佛在说："来一曲吧！"于是我站在她的身后，双手放在琴键上，边弹边唱。一曲结束，她无比喜悦，双手挥舞，示意鼓掌。然后拉起我的手，示意再来一遍……

每个生命的头三年中，都会自然表达出对艺术的热爱，这是儿童生命中最早期的音乐敏感期。还没有学会说话，却已经有自然的节奏与旋律从他的内在流淌出来。艺术来自天堂，生活源于人间，孩子天然就是一个生活艺术家。他们渴望歌唱，他们笨拙而热切地转动自己的身体，他们随意涂鸦出各种色彩……当成人决定用自己的经验教给孩子如何唱如何跳如何绘画的时候，就已经是在扼杀儿童的天赋了。

很多的家长会问："我如何培训孩子的艺术技能呢？"艺术是生命与生俱来的天赋，只是成人总是无法理解与等待这种天赋的绽放，而是让孩子们过早接受技巧方面的训练，却不知这其实是给孩子天马行空的创造性加上一个并不高明的枷锁，反而让孩子们的灵性生命难以得到经验。

艺术是我们生命中的一部分，它犹如我们的朋友，成人只需要给孩子们提供一个充满艺术的环境，孩子们自然会与自己的朋友相遇、相知。

更重要的是，艺术不仅仅是音乐、舞蹈、美术，一次呼吸、一个瑜伽的体式……都是艺术。透过你自己和你的呼吸，到达身心灵的合一，所产生出来的一切流动的、具有美感的东西，都是艺术。

跟孩子插一盆花，陪孩子画一幅画，跟孩子拉一曲小提琴……不是一定让孩子学钢琴变成专业或者是学黑管考级、高考加分……而是一定要有一种乐器，或一种艺术成为他一生的朋友。

（三）连结的重要性

我总是问家长，你觉得你用了全部的时间和精力，来陪伴孩子，那么，你的心与他的心见面的时间有多少？这正如很多人的婚姻，两人天天共处一室，心却很久很久没有相遇了。连结是教育中一个非常关键的话题，甚至说是根本，当我们安住在自己的心里，然后用心与孩子的心之间搭建一个直达生命本质的绿色通道，那么你就会自然而然知道孩子的喜怒哀乐和真实需求。

朋友是一位出色的音乐老师，一次聚会中谈起了歌唱。她说，她没有"五音不全"这个概念,每个人的声音只要给他一个舒适的位置,都会和谐。有自认五音不全的朋友提出质疑,于是我们要求当场演示。音乐老师思考了一下,随手拈来一段熟悉的旋律,没过几分钟,房间里飘出美妙而和谐的合唱,每个人果真都找到了自己的和声方式。那个场景令我难忘,在那段歌声中,我们五个人同在,却又拥有适合于自己的旋律。透过歌声我们彼此连结了!

当然,连结绝不仅于此。在电影《阿凡达》中,当同伴生命垂危的时候,纳美人就用长长的辫子来连结彼此,获得巨大的能量来拯救生命。而电影《圣境预言书》,整部片子中都在表达人与人之间连结时候的状态,通过能量与能量的流动,人们不仅会与人连结,而且能同物体、同自然连结,这就是生命的美妙之处。

十二岁以前的生命,是充满灵性的生命,孩子天然拥有连结的能力,同时他们渴望连结。他们用自己灵敏的感官与丰富的感受,加上完全开放的心灵,时刻都在连结着身边的人与物。当成人的感官粗大感受麻木且封闭心灵的时候,就完全无法获得儿童内在发出的讯息,连结因此断裂,暴力也因之产生。

所以,在尊重生命本质的教育中,心灵的连结比知识的学习更能够滋养孩子的生命,同时,连结能让每个人内在的创造性生命自然绽放。

(四)阻碍孩子成为他自己,即是精神暴力

利用他们满足你自己想被赞美和尊重的需要,要求他们表现、成功、漂亮,运动有好成绩、考试名列前茅,只为了填补自己的失望和悲伤,利用他们作为你愤怒和羞耻的替罪羔羊,拒绝解决你过去尚未解决的问题

灵性种子的使命,就是为了让每个人都真正成为自己,而非他人的附属品。但是,大部分儿童的灵性成长,都在生命的前十二年,被成人的精神暴力所扼杀。这源于作为父母与教育者的我们,未能

真正活出我们自己。

一位没有活出自己的女人，多么渴望寻找到一位可以弥补自己不足，并能够给自己带来荣耀的男人。就如同她原本是一枝莲花，但她的父母却一定要她成为牡丹，她成为了牡丹却从未真正享受过牡丹的快乐。直到某天，她以为自己寻找到了莲一般的男人，但之后却发现那只是自己对他的期待与渴望。于是，她决心让孩子帮助她活出莲花的美丽，但她却不知道，孩子天然是一支跳舞兰——我们的生命就这样一代一代轮回……

当一个生命无法活出自己的时候，就会在无意识中将自己的期待、渴望以及价值观建构在孩子的身上。在美国喜剧《儿女一箩筐》中，两对父母为我们呈现了两种不同的教育观：一种是允许孩子自由成长，另一种则要求孩子完成自己的需要与期待。而我们的身边，有多少父母，不断要求孩子取得好成绩、名列前茅、考取好大学、按照父母的意愿获得成功……这一切，更多是源于满足父母的虚荣，而孩子为此被折腾一生。

在这个价值取向单一、唯权唯钱唯成功的时代，心理与灵性的暴力，往往以爱的名义，被披上"望子成龙"的绚烂外衣，岂不知在这外衣下面是可悲的生命萎缩与荒凉。

四、孩子与父母

（一）生命的连结

每个父母都会真切知道，一条脐带将母亲与孩子连结在了一起。而很多父母也会认为，随着脐带的剪断，这个连结就此终止。

本书一开篇，就谈及连结，那是一种充满流动的感受。儿童的生命，无法失去连结，从生命诞生的那一刻起，到我们的成长，再到我们与自然与环境的关系，一切都在连结当中。当精子和卵子连结并合一的瞬间，便创造了一个新生命。而这个新生命带着与源头之光的连结来到了母胎，他们依赖一根脐带连结母亲，直到胚胎成熟离开母胎。乳头便开始替代脐带，让婴儿与母亲延续着有形的连结。当儿童开始迈腿走出他人生的第一步，"成为自己"的成长历程就已开始。这时，与母亲的连结也从外在的有形连结，逐渐走向了内在的无形连结：情绪、感受、心理、精神、灵性……

那么，没有这些连结会怎样呢？

儿童天然拥有连结人与物的能力，这使他们随时活在当下，他们不会为将来担忧，不会为过去烦恼，那个活生生的当下让他们对这个世界充满好奇。他们很容易专注于自己喜爱的事物，并且透过缓慢的体验，产生深深的连结、体验，并产生创造。

而父母需要与孩子保持连结的意义就在于，形成一个更为宏大与包容的，充满爱、连结和流动的环境，保护孩子的灵性与天然的连结力不受到挤压，并得以自由展现与发展。如果失去这个保护性的连结环境，那么儿童的天然连结力，就会受到外界的挤压和损伤，儿童就会选择自我保护，即关闭自己与外在世界的连结，收缩到自己的内在世界；或者是关闭与宇宙能量的连结，过早适应外在环境而求得生存，这两者都会让儿童失去生命的完整性。内在世界与外在世界就如同生命的一呼一吸，关闭任何一部分，那个鲜活的生命都无法完整成长。

儿童开始感到无聊、迟钝、麻木、懒散，或者是焦虑、慌乱、紧张、恐惧，之前那种纯然的专注以及自然地活在当下的感觉便会逐渐褪去。随着一步步的成长，与自己的连结、与环境的连结、与大自然的连结能力都在下降，头脑主宰了整个身心。

再随着年龄的增加，生存压力的上升，原本那个百脉俱通的身体基本不复存在，身心原本拥有的自我调节功能也开始渐渐失调，体内秩序混乱，疾病就会发生。其实，这不仅仅是身体的疾病，同时伴随着的是心理的疾病。

身心灵教育的意义，就在于保护好儿童这份天然连结力，帮助儿童获得滋养生命的能量。

（二）父母的生命状态

对于父母而言，保证和提升你的生命状态，是对孩子成长的最好帮助。

首先是你的生存状态。你生存的环境、你生存的状态、你生存的层面……都是影响孩子成长的重要因素。他的第一个成长环境就在这里——父母、家庭。所以，你生活的状态，是你的孩子成长的基础。这里不是片面提倡优裕的物质条件，但在很大程度上，一个连温饱都解决不了的家庭，或许很难有余力照顾孩子的心理发展。

其次是你的情绪状态。你有多少情绪，你是怎样的情绪状态，你的孩子就会以不同的方式复刻与拷贝。父母成长的第一步，就是逐渐觉知自己的情绪。觉知的过程是，知道自己的情绪，并且学会接受它，然后再逐步允许它从原来的状态往上成长。在目前中国的教育体制和文化环境中，情绪更多被忽略和压抑，甚至更多的时候为情绪设定很多限制性的信念：情绪是个坏东西，不能被别人发现。

父母面对情绪的态度，会真切地影响到孩子。通常父母以为只要自己将情绪压抑下来，孩子就不会受到影响。问题是，孩子天然就连结着你的生命，他会瞬间就感受到你里边的情绪，只是他无法用语言进行一致性的表达，通常会用哭的方式来提示父母。你是否发现，你去亲近儿童，虽然表面上情绪很好，孩子却拒绝和你亲近，这是因为孩子感知到了你的情绪真的有点糟。除非你那一刻真的是情绪很好，孩子才能连结到你内在的宁静与喜悦。

一个内在宁静喜悦的妈妈，不会带出一个愤怒悲伤的孩子！这是一个简单的真相。

再次是心理状态。生命中有光明也有阴影，你的内心在崇尚光明的同时接纳阴影，你就营造了一种健康而平衡的心理环境。如果你的内心让阴影遮蔽了光明，那么孩子的心理空间也很容易被阴霾笼罩。

提及心理治疗，很多人都会抗拒与排斥，觉得自己没有问题。事实上，生命从一个宏大的光的能量中，来到这个充满欲望和生存压力的物质世界，创伤在所难免。生命又需要借助一次次的分离（与母胎的分离、与父母的分离、与亲人的分离……）获得自我的成长，这个历程也是一次次创伤的历程。而这些创伤，都是生命内在的资源。你越是恐惧创伤，它就越会限制你的生命。当我们开始以爱和勇气去面对这些资源时，它们就开始服务于生命了。

所以，疗愈自己的内在，让内在的光明显现，不仅仅会照亮自己的生命，也会照亮孩子的生命。

最后是精神与自我的状态。当父母还沉迷于金钱、权力、名誉的时候，是无法同孩子一起过精神生活的。这是一个精神与自我意识匮乏的时代，物质如此容易获得，而精神生活却成为难得一见的奢侈品，这本身就是一种讽刺。很多人在物质富足之后，开始戴佛珠，穿布衣，学习国学，以为这就是精神生活。当然这也算是一种开始，但我想，精神生活更多的不是来自于外在，而是来自于内在。

在微信中看到一篇文章：

李炜光先生在《我们的学生缺什么》一文中有如下记述："不久前中央电视台举办了一期《对话》节目，邀请中美两国高中学生参加，节目中中美学生的表现呈现强烈的对比，读后令人深思。在价值取向的考察中，主持人分别给出了智慧、权力、真理、金钱和美的选项，美国学生一致选择了真理和智慧。他们是这样解释的：如果我拥有智慧，我掌握了真理，我就会拥有财富和其他东西。而中国高中生除了有一个选择了"美"外，没有一个选择真理和智慧，有的选择了财富，有的选择了权力。（chinesenewsnet.com）

接下来的环节是制定对非洲贫困儿童的援助计划。首先由中国学生阐述。我们的孩子从中国悠久的历史入手，歌颂了丝绸之路、茶马古道、郑和下西洋，然后弹古筝，弹钢琴，吹箫，三个女生合唱，一个人深情地朗诵，然后是大合唱。最后对非洲的援助计划则轻描淡写地一笔带过。只说组织去非洲旅游，组织募捐，还去非洲建希望小学。一位留美的华裔作家现场发问：你们募捐，要我掏钱出来，首先你的整个援助计划得打动我，我还要知道我的钱都花在什么地方，我捐出去的每分钱是不是都真正发挥作用了。我们的学生对于这样的问题面面相觑，谁也回答不出来。美国高中生的方案，则是从非洲国家的实际情况出发，涉及社会生活的方方面面，包括食物、教育、饮用水、艾滋病、避孕措施等，看起来都是一些很细小但又让人觉得肯定是很实际的、必须要解决的问题，每一项工作，做什么，准备怎么做，做每件事的预算精确到几元几角几分，都有细致周到的计算安排。分工明确，又融成一个整体，让人感到整个计划拿过来就可以实施。

不难看出中美学生的差异和优劣。中国学生价值取向具有单一性与功利性，完全没有建构真正的自我创造性意识。导致这种巨大差异的原因很多、很复杂，恐怕需要一本专著来阐述，文化背景、教育取向所存在的严重偏差和缺失，从社会到学校，都难辞其咎。但是，对于父母而言，我们无力改变整个社会，但我们可以改变我们自己，父母的精神之光，可以为孩子的内在种下一颗精神的种子。

纪录片《林徽因传》，记载了梁思成和林徽因随西南联大转移到昆明后的生活。他们的女儿如此描述在战乱与颠沛流离中母亲面对生活的态度："妈妈对房子进行了简单的装修，铺了粗木地板，在靠窗的墙上做了一个简单的小书架，下面的木凳上铺上一些饰布。妈妈常在家里陶质土罐中插大把的野花，当时我就感觉那个房子非常温馨，舒服极了。我妈真神，怎么一下子就把这么一个破房子搞得这么舒服、可爱。在这间小小的起居室里，妈妈在煤油灯下为我们讲解庄子《解牛篇》和《唐雎不辱使命》，教我们读了很多李白、杜甫的诗。特别是杜甫在四川写的诗，感觉很接近。妈妈经常带我们去邻近的瓦窑村看老师傅在转盘上用泥制各种陶盆瓦罐。"

在那样的时代，在那样的光景中，林徽因给孩子们带来的不是物质的享受，而是精神的滋养。

精神生活的创造取决于一个人自我意识的建构。今天，你能够带给你孩子怎样的精神养分呢？

（三）个人成长（自我探索与自我发现）

身心灵教育体系，最终要落在这个根本点上。无论是父母还是教育者，自我成长都至关重要，它是保障孩子身、心、灵合一发展的根本。

在《父母的觉醒》（[美]沙法丽·萨巴瑞著）一书中提到："父母缺乏觉醒，为此，孩子将要付出巨大的代价。过度的宠爱、过度的关注、过度的医疗护理……这一切导致了许多孩子不快乐。这是因为在不自觉的情况下，我们会将自身的情感延续到孩子身上；在不自觉的情况下，我们会将自己未获满足的需求、没有达成的期望、没有实现的梦想传递给他们。不论抱有怎样美好的动机，我们还是会从父母那里继承上一辈人的情感，再将他们传递给自己的孩子。这种一代代传承下来的情感可能会奴役孩子，削弱他们的能力；这种潜意识如果得不到彻底清理，就会一代又一代地渗透下去。唯有觉醒的力量才能制止这种回荡在家庭中的痛苦循环。"

儿童的生命如同一座花园，天与地浑然一体的花园，在儿童成长的头六年，只要在有爱和自由的环境中，儿童就会依赖天然的吸收性心智获取自己成长的养分，并建构自我意识。六岁以后，儿童开始带着所建构的自我意识来认识社会。这时候，人文精神与教育就会非常重要。比起儿童生命的花园，成人的社会如同沙漠，我们怎样和孩子的生命连结呢？

我们不是要让自己回到自己儿童时代的那个花园。很多人在成长的道路上，误以为成长就是要回到那个花园里。那里是上帝赋予孩子的特殊礼物，对于生命来说，历经花园，又历经沙漠之后，创造一片绿洲才是我们的目的。

　　这是一个成长的历程，让绿洲去感受、连结那个生命之初的花园，去引领儿童穿越沙漠，而非迷失在其中，这一引领需要父母走上成长之路。而成长之旅程要历经自我探索与自我发现，这个过程被国际催眠大师斯蒂芬·吉利根称为"英雄之旅"！

　　"身心灵"成长是一个唤醒和打开生命内在的过程，就让我们从这里开始，走向这段"英雄"的旅程，并透过这段旅程，允许我们的孩子拥有身、心、灵合一的成长！

后记一

生命的连结

初夏的清晨，空气里带着丝丝凉爽，阳光穿过树梢洒进院落和房间，明亮而柔和。透过办公室的玻璃窗，我看到年轻的老师们安静地站在门口，迎接孩子们的到来。在父母的陪伴下，孩子三三两两进入幼儿园，有的愉悦欢快，有的恋恋不舍，还有的干脆将妈妈拉进了大厅或教室。老师们站在一边微笑着轻声问好，自然而熟练地将那些留恋妈妈的孩子揽入怀中……

我沉浸在爱的氛围里，突然有股从未体验过的能量从丹田升起，那感觉很奇怪，似乎从管道的一头缓慢而匀速地流向另一头，让我的身体感到一种从未有过的通畅。此时，内心似乎有个孩子的声音响起，虽然感觉很远，却像暮鼓晨钟一样清晰："你的内在有苦恼。"

"是的。看看这些孩子们是多么愉悦，但有太多的成人不明白孩子所说、所喊、所哭，并且不知道怎样与孩子沟通，你感受到了吗？"

孩子说："是的，我们是知道的。我们虽然也听不太懂你们的话，但我们却能感受到你们的所说所想，并且是完全感受得到！"

"为什么你们拥有这种能力？"

孩子笑着回答："因为我们有两个我，一个是你们能够看见的身体，另一个是你们看不见的精神体。"

我惊讶地问:"这就是我们的不同吗?"

孩子继续笑答:"是的,原本你们和我们一样,只是你们在成长的路途中,迷失了那个精神的'我',所以,我们变为了两个频道!"

我说:"可是我们是爱你们的,你们知道吗?你们就如同我们生命的一部分,并且是最珍贵的一部分。"

孩子答道:"知道,但你们并不知道怎样去爱,并且也没有办法将爱传递给我们。"

我追问:"为什么?"

"因为我们无法连结!"

"可是我们爱你们呀!"

"是的。但你们在成长的路途中,因为种种原因,丢失了你们精神的'我',所以你们是无法感受到那个精神的'我'的需要。"

"你认为精神的'我'需要什么呢?"

"被爱,被认同,被关注,被欣赏,被接纳。"

"我们没有这些吗?"

"对这种感受,你们有的人是没有体验过的,有的人大脑懂得却无法付诸行动,有的人则干脆就忘记了。或者说你们自己也由于匮乏而到处寻找,所以没有办法了解我们到底需要怎样的爱。"

我的心头紧了一下,一股寒气落在了我的胃里,将我想说的话一股脑地压了下去。但孩子却自顾自地继续说道:"因为我们的两个'我'住在一起,所以我们期待我们成为自己,并按照自己的愿望获得成长。例如,当'我'需要去探究小洞里能放进多少石头,我就会去做,即使受到了你们的阻碍,我也一定会坚持。"

"对于你们的成长,我们就不起作用吗?"我有点无力地争辩。

"你们有很大的作用,那就是提供一个充满爱的环境,而不干扰我们的内在发展,同时做好准备,引领我们从内在世界走向外在世界。就如同我们的到来,也是将你们从物欲的外在世界,重新引领到内在的心灵世界一样。"

"你是说我们是你们成长中的环境？"

"是的，但通常你们更注重别人怎样看待你们，因为别人的看法而决定自己的所需与目标，期待我们也按照你们的想法去成长。但你们无法明白，我是我自己的主人，让我成为我自己，才是我们成长的目标！"

"你的意思是说，我们没有成为你们成长中很好的环境，对吗？"

"是的，因为我们对快乐与幸福的体验、看待自己的方式，以及眼中的他人与世界都充满着真善美。但你们一定会说我们幼稚可笑，无法适应这个世界。因为你们眼中的世界处处暗藏杀机，所以我们之间有很多的不同！"

"你怎么会有这样的认识？"我惊讶地问道。

"因为我们带着美好的信念而来，所以我们的感受也都是快乐和积极的。即使偶尔被你们压抑与阻挠之后，有生气、有愤怒、有恐惧，但我们很快会用大哭的方式将一切不快释放出来。但那时你们却认为我们在找麻烦！而且我要告诉你一个秘密。我们对待事情、对待自己的情绪，以及对待与别人的交往，都会用一致性的方法来表达。例如，我们时常保持开放的心态，我们心里所想与口中表达往往是一致的；我们更多地用心灵感受这个世界，并且知道自己是独一无二的；我们喜欢做探索性和创造性的工作。我们的内心很平静，所以我们需要一个与我们有相同感受的、有心灵连结的环境，那么我们的身体和心灵就会成长得平衡而健康，从而达到内外和谐。"

我感受到他的内在突然升起一股忧伤，带着那份忧伤他继续说道："但我想，你们是不同的。在成人世界里，你们是不会像我们这样一致的，你们更习惯于隐藏自己的内心感受，用快速的大脑应对一切迎面袭来的压力，这样让你们更喜欢用防御或攻击的方式与他人相处。胜者为王，败者为寇，这让你们时刻一手拿矛，一手握盾。"

所以我们之间的心灵始终无法连结。"

是的，两列驶向不同方向的列车又怎么能相遇呢？我不想放过这个机会，追问道："请你告诉我，我们怎样才能够做到连结？因为我们爱你们，从某种意义上说，我们这么做都是为了你们呀！"

孩子似乎感受到了我的真诚，带着爱意说道："是的，但每个人都要先做到照顾好自己、爱自己、与自己连结，这样才能够真正做到无条件地爱我们、给予我们，并尊重我们的存在，才能够拥有我们彼此之间的连结。"

那一刻，我感受到声音背后所拥有的宁静与智慧，这种生命的宁静与智慧博大到宇宙本身。我感到从未有过的祥和与温暖。我看到了孩子的眼睛，那微笑背后的爱将我融化。

我哭了："请告诉我，如果我们想和你们连结，该怎样做？"

"我想，你们首先要开始寻找自己，寻找那个迷失的精神的'我'。这很艰难，但是，我们会用我们的精神之爱时刻照亮你们。当你们寻找到你们的精神之'我'，那么，你们会需要爱、认同以及欣赏来滋养你们。记住，这种养分已经不存在于你的父母或外界了，它就在你的那个精神的'我'中，只要你紧紧握着他的手，爱就会像泉水一样汩汩不息地滋养着你。你开始感受到怎样做的时候，你就是自己的主人了。逐渐地，你会开始思考人生新的价值观和信念，你看待世界的角度会慢慢发生变化。同时，你的感受会越来越喜悦与积极，像怒放的鲜花，像清澈的泉水，像松软而雪白的地毯。当然，你也会随着一切的改变而改变你的沟通方式，你不再指责，也不必讨好，更不会用冷漠来隐藏自己内心的恐惧。你成为一个一致性的人，一个真正意义上的人……"

孩子的眼中充满了灵性的光芒，他看着我，深情地看着我，好似在憧憬着他们未来的成长环境。我知道，我因为走进了孩子的心灵，所以我与自己的心灵有了一次难忘的对话。我的内心激荡着从未有过的波澜，它让我的心一遍遍地激动着、感动着。随着每一个波澜的推进，一个对生命的承诺油然而生：为了自己，为了孩子的成长环境，我需要创造一个崭新的我，并且引领老师与家长去创造一个崭新的"自己"！

2013 年 1 月 10 日
于青海家中

后记二

怀念母亲

　　就在修订这本书期间,母亲突然离去,从生病到离去只有一周的时间。我无法表达那段时间的心情,只明白两点:一是宁静地送走母亲;二是隐藏在内心深处的哀伤将会在之后的日子渐渐显露。但不管怎样,我都想尽快完成这本书的修订,最后将它送给我挚爱的母亲,以此表达对母亲的思念。在她的一生中,从未间断鼓励和支持我们追求上进与不断成长。拥有今天的成就,是因为母亲赋予我的灵与肉,我一生感激母亲!

　　作为一个敏感善变、充满幻想、感性多过理性且丰富灵动的小女子,自己从小就既不太符合传统文化的要求,也无法满足家族的期望,我是带着太多的不被认同长大的。很多年里,我都未曾看见过自己的本真面目。曾经想改变自己,让自己成为一个符合大家要求的人,但就如同让榴莲变为菠萝,即使陷在这样的期望中,结果却难以达成。

　　随着自己内在对生命的渴望,渐渐开始向生命的内在探索。这才发现生命中除了伤痛,还有太多的妙不可言。面对自己的本性,坦然接纳一只闻着臭吃着香的榴莲,并且与之友善而深入的连结,这就是成长的力量。

　　于是,透过自身的体验与了悟,写成了这本关于"儿童与成人之间生命关系"的书。它不能称为佳作,只能说是以当下的状态给在育儿与成长中有困惑的朋友提供一些有价值的经验与咨询。之所以出现了诸多关于自身与育儿的问题，是因为我们与自己的本性分离得太远，失去了我们的本真面目。当我们无法看见自己的时候，我们就无法真切地看见孩子，看见他人，看见世界。

所以，在选择了这一生之后，从充满灵性的降临世间，到经历痛苦的求得生存，再到觉知觉醒，最后回归本真面目，这个里程既痛苦又充满吸引力，谁又能完全放下呢？既然如此，就用爱与勇气的力量，去探寻你的内在的钻石吧！

母亲走了，留下的只有爱！

2012年12月18日为母亲守孝期间

图书在版编目（CIP）数据

透析童年 / 王树著. — 2 版. — 北京：中央编译出版社，2014.6
ISBN 978-7-5117-2159-4

Ⅰ. ①透… Ⅱ. ①王… Ⅲ. ①儿童教育—家庭教育
Ⅳ. ① G78

中国版本图书馆 CIP 数据核字（2014）第 102251 号

透析童年

出 版 人：	刘明清
出版统筹：	贾宇琰
责任编辑：	廖晓莹
出　　版：	中央编译出版社
地　　址：	北京西城区车公庄大街乙 5 号鸿儒大厦 B 座（100044）
电　　话：	（010）52612345（总编室）　（010）52612342（编辑部） （010）66161011（团购部）　（010）52612332（网络销售） （010）66130345（发行部）　（010）66509618（读者服务部）
网　　址：	www.cctphome.com
经　　销：	全国新华书店
印　　刷：	三河市祥达印刷包装有限公司
开　　本：	787×1092mm　1/16
字　　数：	160 千字
印　　张：	15.5
版　　次：	2014 年 7 月第 1 版第 1 次印刷
定　　价：	29.80 元

本社常年法律顾问：北京市吴栾赵阎律师事务所律师　闫军　梁勤
凡有印装质量问题，本社负责调换。电话：（010）66509618